本書の特色と使い方

…を集中的《しゅうちゅうてき》に学習《がくしゅう》できる画期《かっき》的な問題集です。苦手《にがて》な人も，さらに力をのばしたい人も，１日１単元《たんげん》ずつ学習すれば30日間《かん》でマスターできます。

① 「パターン別《べつ》」と「ジャンル別」トレーニングで読解力《どっかいりょく》を強化《きょうか》する

「指示語《しじご》」や「接続語《せつぞくご》」などを問《と》うパターン別問題に取《と》り組《く》んだあとは，物語《ものがたり》，説明文《せつめいぶん》などのジャンル別問題にチャレンジします。さまざまな問題に慣《な》れることで，確《たし》かな読解力が身《み》につきます。

② 反復《はんぷく》トレーニングで確実《かくじつ》に力をつける

数《すう》単元ごとに習熟度《しゅうじゅくど》確認《かくにん》のための「**まとめテスト**」を設《もう》けています。解《と》けない問題があれば，前《まえ》の単元にもどって復習《ふくしゅう》しましょう。

③ 自分《じぶん》のレベルに合《あ》った学習が可能《かのう》な進級式《しんきゅうしき》

学年とは別の級別構成《こうせい》(12級～１級)になっています。「**しんきゅうテスト**」で実力《じつりょく》を判定《はんてい》し，選《えら》んだ級が難《むずか》しいと感《かん》じた人は前の級にもどり，力のある人はどんどん上の級にチャレンジしましょう。

④ 巻末《かんまつ》の「答《こた》え」で解き方《かた》をくわしく解説《かいせつ》

問題を解き終《お》わったら，巻末の「**答え**」で答え合わせをしましょう。「**指導《しどう》の手引《てび》き**」には，問題の解き方や指導するときのポイントをまとめています。特《とく》に重要《じゅうよう》なことがらは「**チェックポイント**」にまとめてあるので，十分《じゅうぶん》に理解《りかい》しながら学習を進《すす》めることができます。

もくじ

読解力 11級

1日 ひょうげんを　読みとる (1) …… 2
2日 ひょうげんを　読みとる (2) …… 4
3日 こそあど言葉 (1) …… 6
4日 こそあど言葉 (2) …… 8
5日 文と　文を　つなぐ　言葉 (1) …… 10
6日 文と　文を　つなぐ　言葉 (2) …… 12
7日 まとめテスト (1) …… 14
8日 話題を　読みとる …… 16
9日 いつ，どこで，だれが，何を　したか …… 18
10日 せつめいの　じゅんじょを　考える (1) …… 20
11日 せつめいの　じゅんじょを　考える (2) …… 22
12日 まとめテスト (2) …… 24
13日 理由を　考える (1) …… 26
14日 理由を　考える (2) …… 28
15日 気持ちを　読みとる (1) …… 30
16日 気持ちを　読みとる (2) …… 32
17日 まとめテスト (3) …… 34
18日 物語を　読む (1) …… 36
19日 物語を　読む (2) …… 38
20日 物語を　読む (3) …… 40
21日 まとめテスト (4) …… 42
22日 せつめい文を　読む (1) …… 44
23日 せつめい文を　読む (2) …… 46
24日 せつめい文を　読む (3) …… 48
25日 まとめテスト (5) …… 50
26日 しを　読む (1) …… 52
27日 しを　読む (2) …… 54
28日 手紙・生活文を　読む (1) …… 56
29日 手紙・生活文を　読む (2) …… 58
30日 まとめテスト (6) …… 60
しんきゅうテスト …… 62
答　え …… 65～80

本書に関する最新情報は，当社ホームページにある本書の「サポート情報」をご覧ください。(開設していない場合もございます。)

1日

ひょうげんを 読《よ》みとる (1)

月　日

シール

答えは65ページ

1 **つぎの 文章《ぶんしょう》を 読《よ》んで、あとの といに 答《こた》えましょう。**

二がつも おわる ころ、こどもたちは おばあさんと いっしょに ちかくの じんじゃに さんぽに いきました。

①あそんで いると あしもとに ぽとりと あかい はなが おちて きました。じめんにも ひとつ ふたつと おちて います。おばあさんは おおきな き・を みあげると「さむいのに もう つばきの はなが さいて いるね」と つぶやきました。

この じんじゃは ②つばきの もりと よばれるほど つばきで いっぱいです。

つばきの きの なかで、③かさこそと おとが します。

(1) ──①「あそんで いると あしもとに ぽとりと あかい はなが おちて きました」と いう 文には、どのような ひょうげんが つかわれて いますか。つぎから えらび、記《き》号《ごう》で 答えましょう。

ア「あそんで いると」が、はなが おちる ことを あらわして いる。

イ「あしもとに」が、はなの あかさを あらわして いる。

ウ「ぽとりと」が、はなが おちる ようすを あらわして いる。

（　　）

(2) ──②「つばきの もり」と ありますが、これは じんじゃの どのような ようすを あらわして いるのか 答えましょう。

ことりたちが　あつまって　います。
「めじろだね。はなの　あまい　みつを　すいに　きて　いるんだよ」と　おばあさんは　いいました。
「めじろのように　みつを　すって　ごらん」と　おばあさんは　こどもたちに　はなを　とって　あげました。
あまい　みつが　くちの　なかに　ひろがります。
あたたかい　ひに　また　こどもたちが　おばあさんと　いっしょに　つばきの　もりに　きて　みると、じめんは　□のように　おちた　はなで　うまって　いました。

〈矢間芳子《やざまよしこ》「つばき」〈福音館書店刊〉〉

(3) ――③「かさこそと」は、何《なに》を　ひょうげんして　いますか。つぎから　えらび、記号で　答えましょう。

ア　めじろが　きの　なかに　いる　おと。
イ　つばきの　はなが　さく　おと。
ウ　めじろが　なく　声《こえ》。

（　　）

(4) □に　あてはまる　言葉《ことば》を　つぎから　えらび、記号で　答えましょう。

ア　まっかな　じゅうたん
イ　そびえたつ　山
ウ　てっぽうの　たま

（　　）

指導のコツ　様子や程度をわかりやすく表したり、他のものにたとえたりする表現に着目します。

2日

ひょうげんを 読《よ》みとる (2)

1 つぎの 文章《ぶんしょう》を 読《よ》んで、あとの といに 答《こた》えましょう。

「ここの あたり 見てな」

ハキちゃんは、いわれた とおり、レンズの中を じっと 見ました。

すると、はっぱの 上に、きょ大こおろぎが おちて きました。

その ①つぎの しゅんかんの ことでした。はっぱの あいだから なにかが とび出し、その こおろぎに おそいかかったのです。

「うわあーっ」

ハキちゃんは おもわず こえを あげました。

②きょうりゅうです。にくしょくきょうりゅうが、アグアグ、大きな 口を うごかして い

➡答えは65ページ

(1) ——①「つぎの しゅんかんの ことでした」と ありますが、この 文の はたらきを つぎから えらび、記号《きごう》で 答えましょう。

ア つぎの しゅんかんに おこる ことに、ちゅういさせる。

イ ——①の 前《まえ》に おきた ことを、しっかり いんしょうづける。

ウ ——①の 前と あとの できごとに、かんけいが ない ことを しめす。

（　　）

(2) ——②「きょうりゅう」の 正体《しょうたい》は 何《なん》ですか。四字で 答えましょう。

□□□□

(3) ——③「ハキちゃんが……にこにこしました」

ます。
「……!!　カナヘノサウルスだ」
③ハキちゃんが　目を　きらきらさせて　よねだくんを　見ると、よねだくんは　ほっぺたを　赤く　して　にこにこしました。
「な。カナヘノサウルスだろ」
それから　ふたりは、虫めがねで　カナヘノサウルスを　かんさつしました。
④シュルッと　出しては　ひっこめる　ほそい　したと　大きな　口。
金色《きんいろ》に　ひかる　きょうぼうな　目。
けれど、虫めがねを　はずすと、それは　しっぽの　ながい　かなへびで、よねだくんの　けらいでした。

（薫《くん》　くみこ「ハキちゃんの『はっぴょうします』」）

の　中から、ハキちゃんと　よねだくんが　楽《たの》しそうに　して　いる　様子《ようす》を　あらわす　言《こと》葉《ば》を　二つ　ぬき出しましょう。

（　　　　）

（　　　　）

(4) ――④「シュルッと……きょうぼうな　目」の　二つの　文には、ふつうの　文と　ちがう　ところが　あります。つぎから　えらび、記号で　答えましょう。

ア　口を　ほかの　もので　たとえて　いる。
イ　文が　ものの　名前を　あらわす　言葉で　おわる。
ウ　同《おな》じ　言葉を　何度《なんど》も　くりかえして　いる。

（　　　　）

指導のコツ　表現のしかたによって受ける印象が大きく変わることを読み取ります。

3日 こそあど言葉《ことば》(1)

月　日

シール

1 つぎの 文章《ぶんしょう》を 読《よ》んで、あとの といに 答《こた》えましょう。

むかし、ある ところに、とうげが あったって。

とうげには、一けんの ちゃみせが あって、とうさんと かあさんと、おんなのこが ひとり おって、おんなのこの 名は、〝もも〟と いったって。

とうさんと かあさんは、①この こに、ももの はなみたいに きれいで、やさしい こに なって ほしいと、〝もも〟と 名を つけて、ちゃみせの まえには、ももの 木まで うえたんだけれども、どっこい、②この 〝もも〟は、ももの はなと いうよりは、ももから うまれた ももたろうみたいに、げんきの いい、

↓答えは65ページ

(1) ――①「この こ」の 名前《なまえ》を 答えましょう。

（　　　　）

(2) ――②「この 〝もも〟」は、どの 〝もも〟ですか。つぎから えらび、記号《きごう》で 答えましょう。

ア ちゃみせの まえの ももの 木。
イ ももから うまれた ももたろう。
ウ ちゃみせの おんなのこの 名前。
エ ももたろうが 入って いた もも。

（　　）

(3) ――③「それ」とは 何《なん》ですか。文中から 二つ、それぞれ 四字で ぬき出しましょう。

おてんばむすめだったって。

かあさんの てつだいなんか、ちっとも しないで、あさから ばんまで、木のぼり、かけっこ。③それが また、おとこのこより、よっぽど うまい。へびも かえるも、こわく ない。

とうさんや かあさんを びっくりさせる いたずらは、しょっちゅう やる。④その たんびに、とうさんと かあさんは、かお みあわせて、

「ああ。なんとか、おんなのこらしく なって くんねえ もんかなあ。」

「まったくよ。」

と、ためいき ついたって。

（松野《まつの》正子《まさこ》「ももと こだぬき」）

(4) ――④「その たんび」は、何《なに》を する「たんび」と いう ことですか。つぎから えらび、記号で 答えましょう。

ア とうさんや かあさんを びっくりさせる たんび。

イ かあさんの てつだいから にげだす たんび。

ウ へびや かえるを つかって いたずらを する たんび。

エ おとこのこより うまく 木に のぼる たんび。

（　　）

指導のコツ 「こそあど言葉」が指し示すものを、ひとつひとつ押さえます。

こそあど言葉《ことば》(2)

月　日

シール

1 つぎの 文章《ぶんしょう》を 読《よ》んで、あとの といに 答《こた》えましょう。

①どこからか、はなを つくような どくとくの においが して きました。

これは、きっと じゅえきの においだ。

ぼくは、くんくんと 犬に なったように、においの ほうに むかって 歩《ある》きだしました。

あまく、すっぱい においが 強《つよ》く なりました。

ちかくで ざわめきを かんじ、ふと よこに あった クヌギを 見ると、ちょうど 目の 高《たか》さの ところに、たくさんの 虫たちが あつまって いました。

（中《ちゅう》りゃく）

⬇答えは66ページ

(1) ――①「どこからか、はなを つくような どくとくの においが して きました」と ありますが、この 文から わかる ことを つぎから えらび、記号《きごう》で 答えましょう。

ア とても よい においが して いる。

イ 木に そっくりな においが して いる。

ウ 森の おくから においが して いる。

エ においの する 場所《ばしょ》は わからない。

（　　）

(2) ――②「メスには、この 角が なく」と ありますが、ここから わかる ことを つぎから えらび、記号で 答えましょう。

ア カブトムシは オスも メスも 角が ない。

　ななめから　見上げると、カブトムシが　とても　かっこよく　見えました。
先が　わかれた　しかのような　角《つの》は、頭部《とうぶ》から　でて　います。
　もう　ひとつの　小さな　角は、きょう部から　でて　います。
　まさに　名前《なまえ》の　とおり、せん国時代《ごくじだい》の　ぶしが　よろいかぶとを　つけた　ときの、いさましさを　かんじます。
　②メスには、この　角が　なく、つるんと　した　頭《あたま》を　して　います。
　まっ黒《くろ》な　まるい　目の　ちかくに、いっついの　しょっ角《かく》が　ついて　いて、③その　先は、うちわが　かさなったように、びらびらと　ひらいたり　とじたり　して　います。
　しょっ角の　間《あいだ》に　口が　あります。
口は、だいだい色《いろ》の　毛《け》に　おおわれて　いて、これを　のばして　じゅえきを　すうのです。

（今森光彦《いまもりみつひこ》「カブトムシ」）

イ　カブトムシの　オスに　ある　角は、メスには　ない。

ウ　カブトムシの　しゅるいに　よって、角が　ある　ものと　ない　ものが　いる。

（　　）

(3)　――③「その　先」とは　何《なん》の　先ですか。つぎから　えらび、記号で　答えましょう。

ア　まるい　目の　先。

イ　うちわの　先。

ウ　しょっ角の　先。

エ　頭の　先。

（　　）

指導のコツ　「これ」は話し手に近いもの、「それ」は相手に近いもの、「あれ」はどちらからも遠いものに使います。「どれ」はたずねたいときに使います。

文と 文を つなぐ 言葉《ことば》(1)

月　日

シール

答えは66ページ

1 つぎの 文章《ぶんしょう》を 読《よ》んで、あとの といに 答《こた》えましょう。

「では、いって まいります。」

「いってらっしゃい。」
①お母《かあ》さんは かた手に 水色《みずいろ》の パラソルを もち、かた手に おみまいの はいった 手かごを さげて、でて いきました。
「お母さんに なった つもり……。」

こうさぎは、へやの まんなかに 立って、ひとりごとを いいました。

「なにから、はじめようかしら……。」

［②］、たなの 上に おかれた、お母さんの 白い エプロンが 目に とまりました。

「そう、これ、これ。」

こうさぎは、エプロンを とって ひろげま

(1) ―①「お母さんは……でて いきました」と ありますが、この 文を つぎのように わけた とき、［　］に あてはまる 言葉《ことば》を 答えましょう。

・お母さんは かた手に 水色の パラソルを もちました。［　］ かた手に おみまいの はいった 手かごを さげて、でて いきました。

（　　　）

(2) ［②］に あてはまる 言葉を つぎから えらび、記号《きごう》で 答えましょう。

ア だから　イ けれども　ウ すると　エ また

（　　　）

した。

お母さんは、いつも それを おなかの あたりに つけ、ひもを うしろへ まわして、ちょうむすびに して います。

［③］、こうさぎが その とおりに すると、エプロンが 大きすぎて、すそを ひきずって しまいます。

［④］ こうさぎは、首《くび》から かける ことに しました。ちょうど、よだれかけを つけたような かっこうです。

これなら、エプロンの すそを ふむ 心配《しんぱい》も ありません。

「お母さんに なった つもり……。」

こうさぎは、［⑤］ いいました。

（森山《もりやま》 京《みやこ》「おかあさんに なった つもり」）

(3) ［③］に あてはまる 言葉を 二字で 答えましょう。

［　　］

(4) ［④］に あてはまる 言葉を つぎから えらび、記号で 答えましょう。

ア そこで　イ とにかく
ウ なぜなら　エ たとえば

（　　）

(5) ［⑤］に あてはまる 言葉を つぎから えらび、記号で 答えましょう。

ア かなしそうに
イ くるしそうに
ウ うれしそうに
エ ねむたそうに

（　　）

指導のコツ こうさぎの留守番の物語です。登場人物の行動を、文と文を接続する言葉に着目しながら追いかけていきます。

6日

文と 文を つなぐ 言葉《ことば》 (2)

答えは67ページ

月　日

シール

1 つぎの 文章《ぶんしょう》を 読《よ》んで、あとの といに 答《こた》えましょう。

ひろった トチのみには、虫が くって いるのも まじって います。

［①］、水の はいった 大きい たるに みを いれて、虫を ころします。

［②］、ザルや ムシロなどに ひろげて ほし、やねうらの 下に いれて おいて ほぞんするのです。

そして、お正月《しょうがつ》や おぼんに なると、トチもちを つきます。

おいしい トチもちを つくる ためには、トチのみの にがみを とる、アクぬきを しなければ なりません。

［③］かわを むき、ながれ水に、トチの

(1) ［①］と ［②］に あてはまる 言葉《ことば》の 組《く》み合《あ》わせを つぎから えらび、記号《きごう》で 答えましょう。

ア ①そして　②だから
イ ①それで　②そして
ウ ①だから　②でも
（　　）

(2) ［③］に あてはまる 言葉を つぎから えらび、記号で 答えましょう。

ア さいごに　イ べつに
ウ まず　エ つぎに
（　　）

(3) ［④］と ［⑤］に あてはまる 言葉の 組み合わせを つぎから えらび、記号で 答えましょう。

みを　さらします。
[　④　]、ぬるまゆで　ゆでながら、木ばい＊を　いれて　かきまぜ、木ばいの　なかに　みを　二、三日　いれた　まま　ねかせます。
[　⑤　]、木ばいの　ついた　トチのみを　水あらいして、もち米《ごめ》と　いっしょに　むします。あたたかい　トチのみと　もち米を　うすに　いれて、きねで　トチもちを　つきます。ペッタン、ペッタンと、きねで　よく　つきあげて、まるめると、茶色《ちゃいろ》に　かがやく　⑥トチもちの　できあがりです。
　ほろにがさが、やがて　あまみに　かわる、とても　おいしい　おもちです。

（太田《おおた》　威《たけし》「トチの　木の　一年」）

＊木ばい＝草や　木を　やいて　つくった　はい。

ア　④それから　⑤つぎに
イ　④さいごに　⑤ところが
ウ　④ところが　⑤だから

（　　）

(4)　――⑥「トチもちの　できあがりです」と　ありますが、トチもちを　つくる　さぎょうを　じゅんばんに　まとめました。つぎの [　] に　あてはまる　言葉を、文中から　四字で　ぬき出しましょう。

1.　トチのみを　ひろう。
2.　水に　つける。
3.　ほして　ほぞんする。
4.　[　]を　する。
5.　もち米と　いっしょに　むす。
6.　うすに　いれて、きねで　つく。

[　][　][　][　]

指導のコツ　作業の順番を明らかにするために、接続語がうまく使われているところに着目します。

月 日

時間 20分 【はやい15分・おそい25分】
合格 80点
得点
点
シール

↓答えは67ページ

1 つぎの 文章《ぶんしょう》を 読《よ》んで、あとの とい に 答《こた》えましょう。

つぎの あさ、ゆうべの さむさが うそみたい。よい てんきです。

てんとうむしと うめの 花は、くしゃみも わすれて げんきです。

[①]、てんとうむしは、はたけの ほうへ とんで いく ことに しました。②あそこなら、お日さまが 一日中 あたって いるから、きっと すっかり 春《はる》です。

「[③] マフラー、きみに あげる」

てんとうむしは、あかい マフラーを、うめの 花びらの なかに、[④] おきました。

「まあ、きれい。ありがとう」

「あのね、⑤ぼく、あわてんぼで よかった。き

(1) [①]に あてはまる 言葉《ことば》を つぎから えらび、記号《きごう》で 答えましょう。(15点《てん》)

ア けれども　イ それとも
ウ そこで　エ そのうえ

(　　)

(2) ―②「あそこ」は、どこを さして いますか。(15点)

(　　)

(3) [③]に あてはまる 言葉を つぎから えらび、記号で 答えましょう。(15点)

ア どの　イ あの
ウ その　エ この

(　　)

みと、ともだちに　なれたから」

「わたしも。あわてんぼで　よかった。あなたと　ともだちに　なれたから」

いい　においの　かぜに　つつまれて、うめの　花と　てんとうむしは、しばらく　⑥　して　いました。

「また、あそびに　きて　いい？」

「ええ、もちろん」

「さよなら。また　いつかね」

「さよなら。きっと　また　いつかね」

てんとうむしは、なんども　ふりかえりながら、とんで　いきました。

うめの　花の　なかには、あかい　マフラーが、　⑦　ひとつ。

こんど、てんとうむしが、あそびに　きた　とき、すてきな　目じるしに　なるでしょうね。

（工藤直子《くどうなおこ》「うめの　花と　てんとうむし」）

(4) ④・⑥・⑦に　あてはまる　言葉を　つぎから　一つずつ　えらび、記号で　答えましょう。（一つ10点―30点）

ア　ぽつりと　　イ　じっと

ウ　そっと　　エ　ほっと

④（　　）　⑥（　　）　⑦（　　）

(5) ――⑤「ぼく、あわてんぼで　よかった。きみと、ともだちに　なれたから」と　いう　文には　どのように　ひょうげんが　くふうされて　いますか。つぎから　えらび、記号で　答えましょう。（25点）

ア　何《なに》かを　ほかの　ものに　たとえて　いる。

イ　同《おな》じ　言葉を　くりかえして　いる。

ウ　文の　じゅんばんを　入れかえて　いる。

（　　）

話題《わだい》を 読《よ》みとる

月　日

シール

1 つぎの 文章《ぶんしょう》を 読《よ》んで、あとの といに 答《こた》えましょう。

もりの はずれの こでまりの 木の そばに、サンドイッチやさんが できました。サンドイッチが だいすきな、[①]が はじめた おみせです。

めじるしは、やねの 上に のって いる 大きな 大きな サンドイッチです。プラスチックで できて いましたけれど、とても [②]に みえました。

あさ 十じ、おみせの とが あくと、③サンドイッチの だいすきな もりの なかまが あつまって きます。

「おはよう、ねずみの おじょうさん。」

その 日、さいしょの おきゃくさんは、と

⬇答えは68ページ

(1) [①]に あてはまる 言葉《ことば》を、文中から 十字で ぬき出しましょう。

(2) [②]に あてはまる 言葉を つぎから えらび、記号《きごう》で 答えましょう。

ア おいしそう　イ 強《つよ》そう

ウ 早《はや》そう　エ かなしそう　（　　）

(3) ――③「サンドイッチの だいすきな もりの なかま」に ついて、つぎの といに 答えましょう。

① チーズと やさいの サンドイッチを たべるのは、だれと だれですか。

こやの　びーばーさんです。

「チーズと　やさいの　サンドイッチ　二つね。」

びーばーさんは、やまねこさんと　おひるをたべる　やくそくを　して　いたので、やまねこさんの　ぶんも　かって　いきました。

「あんずジャムの　サンドイッチを　ひとつ。」

ねずみの　はいしゃさんも　やって　きました。

「あんずジャムの　サンドイッチを　たべたら、わすれずに　[④]を　みがく　こと。」

チリン、チリン
あなぐまさんは、じてんしゃに　のって、やって　きます。


（舟崎靖子《ふなざきやすこ》「[⑤]」〈偕成社刊〉）

（　　　）と（　　　）

②ねずみの　はいしゃさんが　かったのは何《なん》の　サンドイッチですか。

（　　　）

(4) [④]に　入る　言葉を　一字で　答えましょう。

□

(5) [⑤]には　この　物語《ものがたり》の　題名《だいめい》が　入ります。どのような　題名に　なりますか。つぎから　えらび、記号で　答えましょう。

ア　プラスチックの　サンドイッチ
イ　さいしょの　おきゃくさん
ウ　もりの　サンドイッチやさん

（　　　）

指導のコツ　森の仲間が次々とサンドイッチを買いにやってきている場面です。にぎわうサンドイッチ屋さんの営業風景を読み取ります。

いつ、どこで、だれが、何《なに》を したか

月　日

シール

↓答えは68ページ

1 つぎの 文章《ぶんしょう》を 読《よ》んで、あとの といに 答《こた》えましょう。

「あああ。チイばあちゃん。もっと しずかに できないかなあ」

「あら、とらた。もう おきたの？」

チイばあちゃんが ふりむいた。

「もう おきたのって？ ①こんなに うるさくちゃ、だれでも おきちゃうよう」

[　　]の ふたつの めが ぱちっと あいた。

「わかった。また ②さがしものでしょう。いったい なにを さがしてるの？」

チイばあちゃんは、はずかしそうに こたえたよ。

「けいとを あむ かぎばり。……とらた、し

(1) ―①「こんなに うるさくちゃ」と ありますが、だれが 何《なに》を して いるから うるさいのですか。

（　　　　　　　　）

(2) [　　]に あてはまる 名前《なまえ》を 答えましょう。

（　　　　　　　　）

(3) ―②「さがしもの」と ありますが、とらたは チイばあちゃんの さがしものは どこに あると 考《かんが》えて いますか。つぎの [あ]～[う]に あてはまる 言葉《ことば》を、文中から それぞれ ぬき出しましょう。

・[あ]の [い]の ひきだしの [う]。

あ（　　　　　　　　）

らない？」

「しらないなあ。でも、におって　きたぞ」

そう　いって、とらたは　はなを　ぴくぴく　させた。

「はあん。あの　ふるづくえの　いちばん　したの　ひきだしだ。チイばあちゃんは　なんでも　かんでも、あそこに　おしこめる　くせが　あるねえ」

「あそこなら　ちゃんと　みたわよ。でも　なかったの」

と、チイばあちゃんが　いばって　いった。

「おくの　おくまで　みたの？」

とらたが　うたがって　いる　こえで　きいた。

「おくの　おく？」
③チイばあちゃんは、びっくりした　かおに　なった。

（あまんきみこ「ひみつの　ひきだし　あけた？」）

㋑（　　　　　　）
㋒（　　　　　　）

(4) ③「チイばあちゃんは、びっくりした　かおに　なった」と　ありますが、なぜ「びっくりした　かお」に　なったのですか。つぎの　［㋐］〜［㋒］に　あてはまる　言葉を、文中から　それぞれ　ぬき出しましょう。

・［㋐］は　［㋑］に「おくの　おくまで　みたの？」と　言《い》われるまで、ひきだしの　なかは　ちゃんと　［㋒］と　思《おも》って　いたから。

㋐（　　　　　　）
㋑（　　　　　　）
㋒（　　　　　　）

指導のコツ 会話を手がかりに、登場人物の行動や状況を読み取っていきます。

せつめいの じゅんじょを 考《かんが》える (1)

月　日

シール

1 つぎの 文章《ぶんしょう》を 読《よ》んで、あとの といに 答《こた》えましょう。

1 「おはよう」とか 「こんにちは」って いう あいさつことばや、「いただきます」「ありがとう」「ごめん」なんて いう、ちょっとした 毎日《まいにち》の かんしゃの ことば、――これも、おおきな いみでは、あいさつことばだけど、――こういう あいさつことばを、日本人は、しょっちゅう つかう。

2 でも、むしろ、□の ほうが おおい。そういう 国《くに》の 人たちは、かぞくのように、とても したしい 人たちの あいだで、いちいち あいさつするのは、おかしいと かんがえて いるんだね。

3 そんな わけで、日本人は、あいさつずきっ

↓答えは69ページ

(1) だんらく1の せつめいの しかたと して、あてはまる ものを つぎから えらび、記号《きごう》で 答えましょう。

ア 「あいさつことば」を せつめいしてから、「あいさつことば」の れいを あげる。

イ 「あいさつことば」を せつめいしてから、あいさつを する 理由《りゆう》を 書《か》いて いる。

ウ 「あいさつことば」の れいを あげてから、「あいさつことば」を せつめいする。

（　　）

(2) □に あてはまる 言葉《ことば》を つぎから えらび、記号で 答えましょう。

ア つかう 国　イ ない 国

ウ おおい 国　エ よい 国

（　　）

て　いうか、あいさつには、とくべつ　うるさい。

4「なんの　あいさつも　ない」「さいきんの　わかい　ものは、あいさつを　しらん」なんて　いって、おとなが　おこって　いるのを、きいた　ことが　あるだろう。学校でも　そうだろうけれど、あいさつが　ちゃんと　できないと、たいへんなんだよね。

5ところで、デパートに　いくと、きれいな　おんなの　人が　ならんで、「いらっしゃいませ」って、おじぎを　して　くれる。エレベーターに　のると、子どもたちにだって、おねえさんが、こしを　ふかく　まげて、「いらっしゃいませ。ごりようかいは、なんかいでしょうか」って、おじぎを　しながら、きいて　くれる。

（長《ちょう》　新太《しんた》「世界《せかい》の　あいさつ」）

(3)――『なんの　あいさつも　ない』……あるだろう」と　いう　文の　やくわりを　つぎから　えらび、記号で　答えましょう。

ア　おとなが　おこって　いる　わけを　せつめいする。

イ　あいさつが　できないと　たいへんだと　いう　れいを　あげる。

ウ　日本人が　あいさつに　うるさい　わけを　せつめいする。

（　　）

(4)　だんらく5の　やくわりを　つぎから　えらび、記号で　答えましょう。

ア　新《あたら》しい　わだいを　あげる。

イ　前《まえ》の　だんらくの　理由を　あげる。

ウ　文章の　けつろんを　まとめる。

（　　）

指導のコツ　段落順に述べられていること（具体例・説明・反論など）を押さえます。

11日

せつめいの じゅんじょを 考《かんが》える (2)

答えは69ページ

月／日

シール

1 つぎの 文章《ぶんしょう》を 読《よ》んで、あとの といに 答《こた》えましょう。

[1]「流《なが》れ星《ぼし》が きえない うちに、ねがいごとを 三度《さんど》 となえると、その ねがいごとが かなう……」などと いいつたえられて います。みなさんの なかにも、流れ星に ねがいごとを かなえて もらおうと、夜空《よぞら》を みあげた 人も、きっと いる ことでしょう。

[2]でも、明《あか》るい 流れ星が、とつぜん「サッ」と 夜空を よこぎって とぶのを 目に すると、ただ、もう びっくり、どきどきするばかりで、ねがいごとの ことなど、すっかり わすれて しまったと いう 人も 多《おお》い ことでしょう。じっさい、流れ星の 光《ひか》って いる 時間《じかん》は、一秒前後《いちびょうぜんご》の ことが 多いので、

(1) だんらく[1]に つぎのような 題名《だいめい》を つける とき、□に あてはまる 言葉《ことば》を、文中から 三字で ぬき出しましょう。

・□の いいつたえ

(2) ――「早口ことば」を むかしの 人びとが 考えだしたのは、なぜですか。つぎから えらび、記号《きごう》で 答えましょう。

ア 流れ星に 早口ことばを 言《い》うと、ねがいを かなえて くれるから。

イ 流れ星が 光って いる 時間が みじかくて、ねがいごとが となえられないから。

ウ 流れ星が めったに 流れないので、まって いる 間《あいだ》が たいくつだから。

（　）

とっさに　ねがいごとを　となえる　ことなど、とても　できる　ものでは　ありません。

3 そこで、むかしの　人びとは　流れ星用《よう》の早口ことばを　考《かんが》えだしました。たとえば、女の子用には、「色白《いろじろ》、かみ黒《ぐろ》、かみ長《なが》」と　いうのが　あります。その　とおりの、かわいい女の子に　なれますように、と　いう　わけです。ちょっぴり　よくばりな　男の子用には、「土　一しょう、金　一しょう」と　いうのがあります。お金もちに　なれますようにと、いう　わけです。みなさんは、どんな　早口ことばを　思《おも》いつきますか。

4 ところで、ふつうの　夜《よる》の　場合《ばあい》、一時間も星空を　みつづけて　発見《はっけん》できる　流れ星の数《かず》は、二〜三こくらいです。ですから、流れ星に　ねがいごとを　かなえて　もらうには、あても　なく　しんぼうづよく　夜空を　みつづけて　いなければ　なりません。

（藤井《ふじい》　旭《あきら》「流れ星・隕石《いんせき》」）

(3) つぎの　ことは、どのような　じゅんばんで書《か》かれて　いますか。（　）に　番号《ばんごう》を　書きましょう。

（　）流れ星用に　みじかい　時間で　となえられる　言葉が　つくられた。

（　）流れ星に　ねがいを　かなえて　もらうには　まつ　ことが　大切《たいせつ》だ。

（　）流れ星は　すぐに　きえて　しまう。

(4) この　文章の　だんらく2〜4を　二つに　分《わ》けると、あとの　部分《ぶぶん》は　どの　だんらくからはじまりますか。だんらく2〜4から　えらび、番号で　答えましょう。

（　）

指導のコツ 問題点を挙げたあと、次の段落でその問題点に対する解決方法を述べています。段落ごとの関係をつかむことが必要です。

12日

まとめテスト(2)

1 つぎの 文章《ぶんしょう》を 読《よ》んで、あとの といに 答《こた》えましょう。

雲《くも》を つくって いた 小さな 水の つぶが、上へ 上へと のぼって もくもく雲を つくると、まわりの おんどは いっそう ひくく なるので、小さい 水の つぶは こおって 小さな こおりの つぶと なります。この 小さい こおりの つぶは、下から ふきあがって くる 水を ふくんだ しめった 空気《くうき》に よって、たがいに ぶつかったり、くっついたり して、だんだん 大きく なり、あられや 雪《ゆき》と なります。

[　] できた あられや 雪は、小さな こおりの つぶより おもいので、雲の 中を 下へ 下へと おちて ゆきます。そして、あ

↓答えは70ページ

(1) この 文章は 何《なに》を 中心《ちゅうしん》に せつめいして いますか。つぎから えらび、記号《きごう》で 答えましょう。(20点《てん》)

ア 小さな 水の つぶ
イ あられや ゆき
ウ もくもく雲
エ かみなりの ドラマ

(　　)

(2) [　] に あてはまる 言葉《ことば》を つぎから えらび、記号で 答えましょう。(20点)

ア ところで　イ ところが
ウ なぜなら　エ こうして

(　　)

(3) ――「なんども あがったり さがったりを くりかえして」と ありますが、どうして あがったり さがったり するのですか。つぎの [あ]・[い] に あてはまる 言葉を、それ

月　日

時間 20分【はやい15分おそい25分】
合格 80点
得点
点

シール

たたかい　おんどの　ところまで　おちて　ゆくと、とけて　水と　なり、雨と　なって、地《じ》面《めん》へと　おちて　ゆきます。
　また、いちど　おちはじめた　あられが、下から　強《つよ》く　ふきあげられる　風《かぜ》で　もちあげられ、なんども　あがったり　さがったりを　くりかえして、大きな　ひょうに　なる　ことも　あります。
　このように　して、もくもく雲の　中には、小さい　水の　つぶ、小さい　こおりの　つぶ、雪、あられ、ひょう、雨などが　できて　ゆきます。
　この　もくもく雲に　登場《とうじょう》した　もののうち、小さい　こおりの　つぶと　あられが、これから　かみなりの　ドラマが　すすんで　ゆく　うえで、とても　たいせつな　やくを　するのですから、どうか　よく　おぼえて　おいて　ください。

（加古里子《かこさとし》「天地《てんち》の　ドラマ　すごい　雷《かみなり》　大研究《だいけんきゅう》」）

ぞれ　文中から　ぬき出しましょう。（一つ15点―30点）

・あられは　こおりの　つぶより　[あ]
せいで　おちた　あられが、強い　[い]　に
もちあげられるから。

あ（　　　）
い（　　　）

(4) つぎの　ことは、どのような　じゅんばんで　書《か》かれて　いますか。（　）に　番号《ばんごう》を　書きましょう。（30点）

（　）こおりの　つぶは　ぶつかったり　くっついたり　しながら　あられに　なる　こと。

（　）水の　つぶは　おんどが　下がると　こおりの　つぶに　なる　こと。

（　）雲の　中の　つぶや　あられの　中には　かみなりに　かかわる　ものも　ある　こと。

理由《りゆう》を 考《かんが》える (1)

月　日

シール

1 つぎの 文章《ぶんしょう》を 読《よ》んで、あとの といに 答《こた》えましょう。

①カマキリは、おなじ 親《おや》から 生まれても、緑色《みどりいろ》に なる ものと、茶色《ちゃいろ》に なる ものが います。これは、カマキリを ねらう 鳥《とり》たちの 目を ごまかす ためだと いわれて います。

緑色の カマキリを 食《た》べて、おいしい あじを おぼえた 鳥は、緑色ばかりを さがす ように なり、茶色い カマキリは、生きのびる ことが できると いう わけです。

ぼくは、カマキリの 体《からだ》を もっと くわしく 見たく なり、カマキリを 家《いえ》に もって かえりました。画用紙《がようし》の 上に おいて みると、カマキリは、ぎこちない しせいの まま

↓答えは70ページ

(1) ――①「カマキリは、おなじ 親から 生まれても、緑色に なる ものと、茶色に なる ものが います」と ありますが、それは なぜですか。つぎから えらび、記号《きごう》で 答えましょう。

ア オスが 緑色、メスが 茶色に なるから。
イ 気温《きおん》に よって 体の 色が かわるから。
ウ 緑色と 茶色が いる ことで、鳥の 目を ごまかせるから。
エ 緑色と 茶色が いる ことで、かくれられる 場所《ばしょ》が ふえるから。

（　　）

で、じっと して います。
やっぱり、［　　］。そう 思《おも》い、カマキリを つかもうと 手を さしだした とき、きゅうに むくっと 上半身《じょうはんしん》を たてて、ぼくの ほうに 体を むけました。
かまを 顔《かお》の りょうわきに おりたたみ、まるで ボクサーのような かまえです。
色えんぴつを 近《ちか》づけて みると、カマキリは、②はねを パッと ひらき、赤い おおあごを 見せつけました。
もし どうぶつだったら、ギャーと いう さけび声《ごえ》を だして いたのでは ないでしょうか。
きっと 体を 大きく 見せかけて、あいてを おどかして いるのでしょう。

（今森光彦《いまもりみつひこ》「カマキリ」）

(2) ［　　］に あてはまる 言葉《ことば》を つぎから えらび、記号で 答えましょう。

ア えものを ねらって いるんだ。
イ 画用紙の 上では 歩《ある》けないんだ。
ウ 体が よわって いるんだ。

（　　）

(3) ――②「はねを……見せつけました」と ありますが、カマキリは なぜ こう したのですか。つぎの［あ］・［い］に あてはまる 言葉を 文中から それぞれ 三字と 五字で ぬき出しましょう。

・体を［あ］見せかけて、あいてを［い］いるから。

あ［　　　］
い［　　　　　］

指導のコツ カマキリの習性について、体の色と、画用紙の上に置かれたときの様子を中心に書かれています。それぞれの習性の理由を読み取るようにします。

理由《りゆう》を 考《かんが》える (2)

月　日

シール

1 つぎの 文章《ぶんしょう》を 読《よ》んで、あとの といに 答《こた》えましょう。

①じしんと いうのは じめんの した、ちきゅうの なかに ある がんせきが くずれて じめんが ゆれる ことで ある。

[　　] じめんの した、ちきゅうの なかの ことを しらなくては ならない。そして かたい がんせきが どうして くずれたり するのかが わからなくては ならない。

この どちらも しらべるには とても むずかしい ことばかりで ある。

いけに こいしを なげこむと みずの わが ひろがって つたわるように がんせきが くずれた うごきや ふるえは じしんの なみと なって ちきゅうの うえや なかを

↓答えは71ページ

(1) ——①「じしん」とは、どのような ことですか。

（　　　　　　）

(2) [　　]に あてはまる 言葉《ことば》を つぎから えらび、記号《きごう》で 答えましょう。

ア だから　イ しかし
ウ ところで

（　　）

(3) ——②「じしんの なみ」に ついて、つぎの といに 答えましょう。

①「じしんの なみ」が できるのは なぜですか。つぎの ㋐〜㋒に あてはまる 言葉を、文中から それぞれ ぬき出しましょう。

・[㋐]が くずれた ときの、[㋑]や [㋒]が ちきゅうを つたわるから。

つたわり　ひろがって　ゆく。
　その　つたわって　くる　②じしんの　なみを
いろいろな　ところで　きかいで　きろくして
おく。
　いくつもの　はなれた　ところで　きろくし
た　じしんの　なみを　くらべ、じしんを　お
こした　ばしょや　じしんの　おおきさを　つ
きとめるので　ある。
　いくつも　おこった　じしんの　ようすを
あつめると、③じしんが　よく　おこる　ところ
と　ほとんど　おこらない　ところが　ある
ことが　わかって　きた。
　ちきゅう　ぜんたいで　その　ようすを　し
るして　ゆくと、じしんが　よく　おこる　と
ころは　ちきゅうの　ひょうめんの、いたのよ
うに　なった　がんせきの　つぎめに　あたっ
て　いる　ことが　はっきりして　きた。

（加古里子《かこさとし》「じめんが　ふるえる　だいちが　ゆれる」）

あ（　　　　）
い（　　　　）
う（　　　　）

②「じしんの　なみ」を　きろくして　おくの　は、なぜですか。つぎの [あ]・[い] に　あてはまる　言葉を、文中から　それぞれ　ぬき出しましょう。

・じしんが　おきた [あ] や　じしんの [い] を　つきとめる　ため。

あ（　　　　）
い（　　　　）

(4) ―③「じしんが　よく　おこる　ところ」と　ありますが、どのような　ところですか。

（　　　　）

指導のコツ 「じしん」とはどんな現象であるか、「じしん」を調べるためにどのようなことが行われているかを押さえます。

気持《きも》ちを 読《よ》みとる (1)

1 つぎの 文章《ぶんしょう》を 読《よ》んで、あとの といに 答《こた》えましょう。

「そうよ。チロは、うちで まってなさい。」

ねえさんねずみが、まえを むいた まま、いいました。

「いやだ。ぼく、るすばんなんて いやだよ。」

チロは、①いそぎあしに なりました。

でも、あるいても あるいても、にいさんたちに おいつけません。

それどころか、チロとの あいだは、みるみる ひろがるばかりです。

「まって。ぼくも つれてってー。」

チロは、とうとう かけあしに なりました。

ところが、とちゅうで すってんころり!

「おお、いたい……。」

↓答えは71ページ

(1) ――①「いそぎあしに なりました」と ありますが、なぜですか。理由《りゆう》を 答えましょう。

（　　　　　　　　）

(2) ――②「ぼく、るすばんしてれば よかった」と ありますが、この ときの チロの 気持《きも》ちを つぎから えらび、記号《きごう》で 答えましょう。

ア にいさんと ねえさんに ついて きた ことを こうかいして いる。

イ にいさんと ねえさんが もどって くる のを きたいして いる。

月　日

シール

チロは、ぽろっと　なみだを　こぼすと、

「おにいちゃーん、おねえちゃーん……。」

とおくの　うしろすがたへ　よびかけました。

にど、さんど、こえを　はりあげましたが、どちらも　ふりむいて　くれません。

「②ぼく、るすばんしてれば　よかった。」

［③］　おきあがろうと　した　とき、

「おや？」

チロは　みちばたの　しげみを　のぞきこみました。

おくの　ほうに、やまぶどうが　どっさり、みを　つけて　いたのです。

「いい　もの　みつけた！」

チロは、なみだを　ふきながら、［④］。


（森山《もりやま》　京《みやこ》「くんくん」）

ウ　にいさんと　ねえさんに　おいかえされて、けんかした　ことを　くやんで　いる。
（　　）

(3) ［③］に　あてはまる　言葉《ことば》を　つぎから　えらび、記号で　答えましょう。

ア　ほっとしながら　イ　おこりながら
ウ　べそを　かきながら　エ　わらいながら
（　　）

(4) ［④］に　あてはまる　言葉を　つぎから　えらび、記号で　答えましょう。

ア　こわく　なりました　イ　なき出しました
ウ　にっこりしました　エ　ふるえました
（　　）

指導のコツ　「チロ」の気持ちの変化を読み取り、それによって表情がどう変化するかをとらえます。

16日

気《き》持《も》ちを　読《よ》みとる　(2)

月　日

シール

↓答えは72ページ

1 つぎの　文章《ぶんしょう》を　読《よ》んで、あとの　といに　答《こた》えましょう。

「さあ、どんな　おねがいを　するのかな？」

ともこ先生に　きかれて、

①「どなるの　きんし！」と　いいかけたけど、やめた。

ちゅうもんは　ひとつなんだから、よーくかんがえないと。

ぼくが　だまって　いたら、みんなの　こえが　きこえて　きた。

「しゅくだい　なしに　しろよ。」

「まいしゅう　おたのしみ会《かい》が　いい。」

「きゅうしょくを　のこすのも　おかわりも、じゆうって　いうのは？」

どれも　いいんだけど、なんか　ちがうんだ

(1) ①「『どなるの　きんし！』と　いいかけたけど、やめた」と　ありますが、どうして　やめたのですか。つぎから　えらび、記号《きごう》で　答えましょう。

ア　もう　少《すこ》し　ていねいな　言葉《ことば》で　つたえたかったから。

イ　おねがいは　一つしか　できないので、よく　かんがえたかったから。

ウ　先生の　意見《いけん》を　聞《き》きたかったから。

エ　この　おねがいは、先生に　わるいと　思《おも》ったから。

（　　）

(2) ②「ゴクリと　つばを　のみこむ」と　ありますが、この　ときの　「ぼく」の　気《き》持《も》ちを　つぎから　えらび、記号で　答えましょう。

よな。

そうだ！　これ　これ、これに　きめた。

「じゃあ、いいます。」

そこまで　いって、②ゴクリと　つばを　のみこむ。

「やすみじかんは、しんけんしょうぶで、ぼくたちと　あそんで　ください。」
③みんな、「えっ？」と　いう　かおを　した。
「だって、コースケ先生と　しょうぶして、たのしかったんだもん。もう、サイコー！」

あれっ？「コースケ先生」って、いっちゃった。

「なるほどね。先生、いいですか？」

ともこ先生が　きくと、コースケ先生は、ねっころがった　まま、だまって　うなずいた。

と　おもったら、がばっと　おきあがって、にやりと　した。

（野村一秋《のむらかずあき》「しょうぶだ　しょうぶ！　―先生　VS　ぼく―」）

ア　がんばって　大きな　声《こえ》を　出すぞ。
イ　みんなに　おこられないか　心配《しんぱい》だ。
ウ　先生は　おこって　どなるかも　しれない。
エ　これから　とても　大事《だいじ》な　ことを　いうぞ。
（　　）

(3)　―③「みんな、『えっ？』と　いう　かおを　した」と　ありますが、なぜですか。つぎから　えらび、記号で　答えましょう。
ア　「ぼく」が　おねがいを　とりけしたから。
イ　「ぼく」の　おねがいを　よそうして　いなかったから。
ウ　「ぼく」の　おねがいが　みんなの　かんがえて　いた　ものと　同《おな》じだったから。
（　　）

指導のコツ　心の中の思いや考えが直接書かれていなくても、登場人物の表情や行動から、気持ちを読み取ることができるようになるとよいです。

17日 まとめテスト(3)

月	日
時間	20分 【はやい15分・おそい25分】
合格	80点
得点	点
シール	

1 つぎの 文章《ぶんしょう》を 読《よ》んで、あとの といに 答《こた》えましょう。

その 夜《よる》は、ひどかった。まっくらな 中で、風《かぜ》も、海《うみ》も、ごうごうと ほえ立てる。見上げるような 大なみが、つぎつぎに とびかかって きて、船《ふね》を 上へ 下へと ふりまわした。船は、キーキーと 音を 立てた。

その うち、船の エンジンが 止《と》まり、どこかに あなが あいて、水が ながれこんで きた。みんなは、水を くい止めようと、ひっしに なって はたらいた。水の 力が 強《つよ》くて、[①] と 思《おも》った ことも、なんどか あったが、②ふしぎと 船は しずまなかった。

[③] やっと あらしが しずまって、朝《あさ》が 来《き》た。とんで いく 雲《くも》の 間《あいだ》から、青

↓答えは72ページ

(1) [①]に あてはまる 言葉《ことば》を つぎから えらび、記号《きごう》で 答えましょう。(15点《てん》)

ア 夜明《よあ》けは まだか
イ もう だめだ
ウ もう だいじょうぶ
エ さあ どうだ

(　　)

(2) ――②「ふしぎと 船は しずまなかった」と ありますが、それは なぜですか。つぎの [あ]・[い]に あてはまる 言葉を、文中から それぞれ 三字と 一字で ぬき出しましょう。(一つ15点―30点)

・[あ]たちが、さめや いるかや ほかの 魚と いっしょに、[い]を おし上げて いたから。

あ [　　　]
い [　]

い　空も　見えだした。みんなは、せっせと
水を　かい出したり、あなを　しゅうりしたり
して　いたが、ふいに、かんぱんに　いる　な
かまが、大声《おおごえ》で　みんなに　知《し》らせた。
「おうい、来て　みろ。おかしいぞ。船の　下
に、くじらが　いるぜ。」
　やあ、ほんとだ！　三頭《さんとう》の　くじらが、まる
で　船を　かつぐみたいに、船の　下に　入っ
て　いる。それに、さめも、いるかも、ほかの
魚《さかな》たちも、びっしり　いっぱい　あつまって、
船が　しずまないように、下から　おし上げて
いた。
「やあ、きみたち、すまないねえ。ごくろうだ
けど、④もう　ほんの　ちょっと　たのむ。今《いま》、
大いそぎで、あなを　ふさいで　いるからね。」

（大塚勇三《おおつかゆうぞう》「海《うみ》の　楽隊《がくたい》」〈福音館書店刊〉）

(3) ③ に　あてはまる　言葉を　つぎから　えらび、記号で　答えましょう。（15点）

ア　しまった！　　イ　どうしよう！

ウ　ほんとだ！　　エ　やれやれ！

（　　）

あらしを　のりこえた　ときの　気持《きも》ちを　考《かんが》えよう。

(4) ——④「もう　ほんの　ちょっと　たのむ」に　ついて、つぎの　といに　答えましょう。（一つ20点―40点）

① だれに　たのんで　いるのですか。

（　　）

② 何《なに》を　たのんで　いるのですか。

（　　）

物語《ものがたり》を 読《よ》む (1)

月　日

シール

1 つぎの 文章《ぶんしょう》を 読《よ》んで、あとの といに 答《こた》えましょう。

ライオンが ひるねを して いると、ねずみが せなかに のぼって きました。

「ご、ごめんなさい。つい うっかりして、とんでもない ことを して しまいました。［　　］。」

ひっしに あやまる ねずみを みて、ライオンも かわいそうに なり、

「しようがない。まあ ゆるして やろう。」

と、はなして やりました。

「ありがとうございます。たすかりました。この ①おれいは いつか きっと。」

「おれいだって？ よせやい。おまえみたいな おちびさんに なにが できる。②がはははは。」

(1) ［　　］に あてはまる 言葉《ことば》を つぎから えらび、記号《きごう》で 答えましょう。

ア おゆるし ください

イ わらって ください

ウ おこし ください

エ 通《とお》して ください

（　　）

(2) ——①「おれい」と して、ねずみは どのような ことを しましたか。

（　　　　　　）

(3) ——②「がはははは」と ありますが、このときの ライオンの 気持《きも》ちを つぎから えらび、記号で 答えましょう。

↓答えは73ページ

それから なんにちか して、ライオンが りょうしに つかまって しまいました。

「こいつの かわを はいで、たかく うって もうけようぜ。」

なんて、りょうしたちが はなしあって います。

その とき、ライオンの みみもとで こえが しました。

「ライオンさん、いま なわを きって、たすけて あげます。」

「あ、おまえは いつかの おちびさん。」

なわが きれると、ライオンは ねずみを せなかに のせて にげました。はしりながら ライオンは いいました。

「こないだは ばかに して わらったり して ごめん。③ゆるして おくれ。」


（川崎《かわさき》 洋《ひろし》「ライオンと ねずみ」）

ア ねずみが おれいを すると 言《い》った ことを よろこんで いる。
イ ねずみに おれいなんか できる はずが ないと ばかに して いる。
ウ ねずみに おれいを 言われて てれくさく 思《おも》って いる。 （　）

(4) ――③「ゆるして おくれ」と ありますが、ライオンは、何《なん》と 言った ことを、ゆるして もらいたいと 思って いますか。ライオンの 言葉を、文中から 二十字で ぬき出しましょう（「、」や「。」を ふくみます）。

指導のコツ ライオンがねずみを見逃してやる場面と、ねずみがライオンを助け出そうとする場面で成り立っています。ライオンの心情の移り変わりに注意して読みます。

19日 物《もの》語《がたり》を 読《よ》む (2)

1 つぎの 文章《ぶんしょう》を 読《よ》んで、あとの といに 答《こた》えましょう。

オタマジャクシの 子どもたちは、タニシの ひいた スタートラインに よこ 一れつに ならびました。

[①]、タマだけは、②みんなの いう ことを きいて、ひろい コースの まんなかの 五メートルの ところに ぽつんと たって います。

ひとりぼっちで たって います。

「がんばれよーっ。」

きしべから、カエルの おうえんの こえが きこえました。

「あの 子、どう したの？」

水の 中で、ナマズの 子どもが、タマを

➡答えは73ページ

(1) [①]に あてはまる 言葉《ことば》を つぎから えらび、記号《きごう》で 答えましょう。

ア だから　イ しかし

ウ そこで　エ または

（　　）

(2) ――②「みんなの いう こと」と ありますが、どのような ことですか。つぎから えらび、記号で 答えましょう。

ア きょうそうに くわわらない こと。

イ ほかの みんなより みじかい きょりを およぐ こと。

ウ おうえんする がわに 回《まわ》る こと。

（　　）

月／日

シール

みつけて　いいました。
③タマは、はずかしく　なりました。
「あの　子は、しっぽが　みじかくて、はやく
およげないから、あれで　いいのさ。」
そんな　さかなたちの　こえに、タマは　か
なしく　なりました。
じぶんだけ、とくべつな　スタートラインに
たたされた　ことが、なさけなく、かなしいの
です。
（なんで　ぼくだけ　ここから　およぐの？
およぐのが　おそいって　［④］　ことな
の？）
かなしい　気もちは　だんだん　大きく　な
り、やがて　くやしい　気もちに　なりまし
た。

（阿部夏丸《あべなつまる》「オタマジャクシの　うんどうかい」）

(3) ――③「タマは、はずかしく　なりました」と　ありますが、なぜですか。つぎの［　］に　あてはまる　言葉を　答えましょう。

・［　］せいで、自分《じぶん》だけ　みんなと　スタートラインが　ちがうから。

（　　　　）

(4) ［④］に　あてはまる　言葉を　つぎから　えらび、記号で　答えましょう。

ア　うれしい　イ　楽《たの》しい
ウ　くやしい　エ　いけない

（　　）

指導のコツ　ひとりだけ特別にハンディをもらった「タマ」が、くやしい思いをする場面です。「かなしい」「なさけない」「はずかしい」といった、気持ちを表す言葉に注意して読んでいきます。

物語《ものがたり》を 読《よ》む (3)

月　日

シール

↓答えは74ページ

1 つぎの 文章《ぶんしょう》を 読《よ》んで、あとの といに 答《こた》えましょう。

こうらの ぬぎかえは、ほんとうに いのちがけの しごとです。こうらを ぬいだばかりの かにの からは やわらかく、小さな さかなにだって ねらわれるのです。

「だいじょうぶ、しんぱいするな。どんな てきが 来《き》たって、おっぱらって みせる。」

おとうさんがには、もう 一ど はさみを のばすと、おかあさんがにの こうらが うまく ぬげるように、せわを やきながら いいました。

そして、①できるだけ 高《たか》く 目を あげて、あたりを 見まわしました。

(1) ――①「できるだけ 高く 目を あげて」と ありますが、それは なぜですか。つぎから えらび、記号《きごう》で 答えましょう。

ア ねらって くる てきを 早く 見つける ため。

イ えさと なる 魚《さかな》を 早く 見つける ため。

ウ こうらを ぬぎやすく する ため。

エ てきを おどろかせて、近づけないように する ため。

（　　）

(2) ［②］に あてはまる 言葉《ことば》を つぎから えらび、記号で 答えましょう。

ア あんしんしきって　イ つかれきって

ウ ゆだんしきって　エ しんじきって

（　　）

その　目の　前《まえ》に、さっそく、たらが　あらわれました。

おとうさんがには、すっと　足を　立てると、たらに　むかって、はさみを　あげました。

もう　一ぴきの　たらが、後《うし》ろから　やって来ました。

「近《ちか》よるな、近よるな。」

おとうさんがには、右へ　左へ　すばやく走《はし》りながら、いっしょうけんめい　たらたちをおいはらいました。

こんな　ことが　しばらく　つづいて、さすがの　おとうさんがにも　[②]　しまいました。

でも、その　おかげで、おかあさんがにの新《あたら》しい　こうらは、前と　同《おな》じくらい　[③]なりました。

④「さあ、こんどは、わたしが　あなたを　まもって　あげる　番《ばん》よ。」

（安藤美紀夫《あんどうみきお》「たらばがにの　春《はる》」）

(3)　[③]に　あてはまる　言葉を　つぎから　えらび、記号で　答えましょう。

ア　ぬぎやすく　　イ　やわらかく

ウ　ねらわれやすく　　エ　かたく

（　　）

(4)　④「さあ、こんどは、わたしが　あなたを　まもって　あげる　番よ」と　ありますが、だれが　だれを　まもって　あげるのですか。つぎの　[あ]・[い]に　あてはまる　言葉を、文中から　それぞれ　七字で　ぬき出しましょう。

・[あ]が、[い]を　まもって　あげる。

あ　□□□□□□□

い　□□□□□□□

指導のコツ　行動の理由や、そのときの感情を押さえながら読みます。

まとめテスト（4）

月　日

時間 20分［はやい15分・おそい25分］
合格 80点
得点　点
シール

↓答えは74ページ

1 つぎの 文章《ぶんしょう》を 読《よ》んで、あとの といに 答《こた》えましょう。

なつが きた。
①げんさんは、うらの はたけの ②きゅうりが、ちょくちょく なくなって いるのに、きが ついた。
はたけの まわりに、みずかきの ついた ちっこい あしあとが、ぺたぺた ついて いたので、だれの しわざか すぐに わかった。
「しんだ たきちの うまれかわりと おもえば、はらも たたん。くいたいだけ くわせて やるさ。」
きょねんの あき、げんさんは、五つに なったばかりの むすこの たきちを、びょうきで しなせて しまった。

(1) ――①「げんさん」は、だれと くらして いますか。あてはまる ものを つぎから えらび、記号《きごう》で 答えましょう。（20点《てん》）

ア かかと、たきち
イ たきち
ウ かか
エ だれとも くらして いない。

（　　）

(2) ――②「きゅうりが、ちょくちょく なくなって いるのに、きが ついた」に ついて、つぎの といに 答えましょう。（一つ20点―40点）

① きゅうりが なくなったのは だれの しわざだったのですか。

（　　）

そればかりか、たきちを うんだ ときに かかは しんで いたので、いまは もう ひとりぼっち……。

「ほほん、かっぱの やつめ、③わしに きをつかいおって……。」

きゅうりを もらった おれいの つもりだろうか、はたけの すみっこに、あゆや いわななど、かわの さかなが おいて あった。

その さかなを、まちの いちばに もって いくと、びっくりするような たかい ねだんで うれた。

「かっぱの やつめ、びんぼうな わしに、ぜにを めぐんで くれおったな。すんなら わしも……。」

げんさんは、かっぱたちへの おみやげに、かご いっぱいの □ を かって かえった。

（さねとうあきら「げんさんと 百がっぱ」）

②なぜ「げんさん」は きゅうりが なく なっても おこらなかったのですか。

（　　　　　　　　）

(3) ――③「わしに きを つかいおって……」と ありますが、「げんさん」は 何《なに》を 見て こ のように 言《い》ったのですか。つぎの Ⓐ・ Ⓘ に あてはまる 言葉《ことば》を、文中から それぞれ 三字で ぬき出しましょう。（一つ10点―20点）

・Ⓐ の すみっこに おかれた Ⓘ 。

Ⓐ □□□

Ⓘ □□□

(4) □ に あてはまる 言葉を、文中から 四字で ぬき出しましょう。（20点）

□□□□

22日

せつめい文を 読《よ》む (1)

1 つぎの 文章《ぶんしょう》を 読《よ》んで、あとの といに 答《こた》えましょう。

たくさん おちた どんぐりは、おちた あと どのように なるのでしょうか。

木から おちた どんぐりは、林に すんで いる りすや ねずみのような [①] たちの、②たいへん よい 食《た》べものに なります。どんぐりには、えいようが たくさん あるからです。

どうぶつに 食べられなかった どんぐりの なかには、ねを 出す ものが あります。でも、せっかく ねを 出しても、冬《ふゆ》に なって、[③] 北風《きたかぜ》が ふきだし、しっかり ねが つく まえに、しもに 当《あ》たると、だめに

(1) [①]に あてはまる 言葉《ことば》を、文中から 四字で ぬき出しましょう。

↓答えは75ページ

(2) ――②「よい 食べもの」と ありますが、なぜ どんぐりは「よい 食べもの」に なるのですか。

(　　　　)

(3) [③]に あてはまる 言葉を つぎから えらび、記号《きごう》で 答えましょう。

ア あつい　イ しめった

ウ つめたい　エ きれいな

(　　)

月　日

シール

なって しまう ことが あります。うんよく、おちばなどの かげに あって、しもに 当たらなかった どんぐりが ④生きのこります。そして、しっかり ねを つけた どんぐりや、ねを 出さなかった どんぐりと いっしょに、［⑤］が 来《く》るのを まつのです。

春《はる》に なり、あたたかい 光《ひかり》が、林の 中を てらすように なると、しっかり ねを つけて 冬を こして きた どんぐりは、めを 出しはじめます。また、冬を こす ことが できた その ほかの どんぐりも、あたらしい ねや めを 出しはじめます。

（広井敏男《ひろいとしお》「林の どんぐり」）

(4) ――④「生きのこります」と ありますが、生きのこる どんぐりを つぎから えらび、記号で 答えましょう。

ア おちばの かげに かくれた どんぐり

イ ねを 出した すべての どんぐり

ウ しもに 当たった どんぐり

（　　）

(5) ［⑤］に あてはまる きせつの 名前《なまえ》を 答えましょう。

（　　）

指導のコツ どんぐりの越冬についての文章です。どんぐりが春を迎えるまでの過程を押さえ、どんぐりのたくましさや自然の厳しさを伝えます。

せつめい文を 読《よ》む (2)

月　日

シール

1 つぎの 文章《ぶんしょう》を 読《よ》んで、あとの といに 答《こた》えましょう。

①ちきゅうは、おおきな おおきな まるい ボールの かたちを して います。

その ちきゅうの まわりを、②つきが ぐるぐる まわって います。

ちきゅうは たいようの まわりを ぐるぐる まわって います。

ちきゅうの ほかに、かせい、すいせい、もくせい、きんせい、どせいなどの ほしたちも たいようの まわりを まわって います。

たいようの まわりを まわって いる ほしたちの ことを、たいようけいの ほしと いいます。

その たいようけいの ほしは、なんまん

⬇答えは75ページ

(1) ——①「ちきゅう」と ——②「つき」の ちがいに ついて せつめいした つぎの [あ]・[い]に あてはまる 言葉《ことば》を、文中から それぞれ ぬき出しましょう。

・「ちきゅう」は [あ] の まわりを まわって いる。

・「つき」は [い] の まわりを まわって いる。

あ（　　　　）

い（　　　　）

(2) ——③「おおきな ほしの あつまり」と して あてはまらない ものを つぎから えらび、記号《きごう》で 答《こた》えましょう。

ア エスのじがたの ほしの あつまり

なんおくと　ある　なかの　ほしと　いっしょに、ぎんがけいと　いう　ほしの　あつまりを　つくって　います。

　ぎんがけいの　ほかに、うずまきがたや、ひらたく　のびた　おだんごがたや、エスのじがたを　した　③おおきな　ほしの　あつまりが、とても　たくさん　あるのです。

　おおきな　ほしの　あつまりの　かずは　とても　たくさんです。

　なんまんも　なんおくも　あって、それが　ちらばって　いる、ものすごく、ひろい、とおい、ふかい　はての　ない　せかいが　だいうちゅうです。

　④ぼくや　あなたは、この　すばらしく　おおきな　だいうちゅうの　なかに　すんで　いるのです。

（加古里子《かこさとし》「ぼくの　いま　いる　ところ」）

イ　ぎんがけい

ウ　おだんごがたの　ほしの　あつまり

エ　たいようけい

（　　）

(3)　――④「ぼくや　あなた」は、どこに　すんで　いますか。つぎの　[あ]・[い]　に　あてはまる　言葉を、文中から　それぞれ　六字で　ぬき出しましょう。

・[あ]　の　中の、ぎんがけいの　中の、[い]　の　中の、ちきゅうの　上。

あ　□□□□□□

い　□□□□□□

指導のコツ　宇宙の構造を、地球を出発点として説明している文章です。宇宙の大きさとその中に含まれる銀河系や星のあつまりの関係をイメージしながら読んでいくようにします。

せつめい文を 読《よ》む (3)

↓答えは76ページ

月　日

シール

1 つぎの 文章《ぶんしょう》を 読《よ》んで、あとの といに 答《こた》えましょう。

①「くもが 空を とぶ。」と 言《い》うと、ふしぎに 思《おも》うでしょう。でも、くもは、ほんとうに、ほかの 虫には まねの できない 空中《くうちゅう》旅行《りょこう》を するのです。

　春《はる》か 秋《あき》の、天気の いい あたたかい日、たまごの ふくろから 出て きた 子ぐもたちは、思い思いに、高《たか》い えだや はの先《さき》へと のぼって いきます。そして はらを上に むけて、空中に 糸を どんどん 出します。

　三十センチメートルから 一メートルぐらい糸を のばして いくと、細《ほそ》くて かるい 糸の ことですから、少《すこ》しの 風《かぜ》でも あると、

(1) ——①「くもが 空を とぶ」と ありますが、くもは どのように 空を とぶのですか。あてはまる ものを つぎから えらび、記号《きごう》で 答えましょう。

ア 出した 糸に つかまり 風に ながされる。
イ 木の えだから えだへ とびうつる。
ウ 高い ところから とびおりる。
エ はねを はばたかせる。

（　　）

(2) □に あてはまる 言葉《ことば》を つぎから えらび、記号で 答えましょう。

ア やがて　イ しかし
ウ けれども　エ たとえば

（　　）

(3) ——②「ながれ糸」とは どのような ものですか。つぎの あ・い に あてはまる

風に　ながされて　いきます。[　　]、子ぐもは、風に　ながされる　糸に　ぶら下がって、大空　高く　とんで　いきます。子ぐもは、こうして、はねが　なくても、遠《とお》くへ　行《い》く　ことが　できるのです。海《うみ》を　こえて、遠く　はなれた　しまへ　とぶ　ことさえも　あります。

ときには、子ぐもが　糸から　はなれて　しまって、糸だけが、たくさん　風に　とばされて　くる　ことが　あります。これを、②「ながれ糸」と　よんで　います。

山形県《やまがたけん》の　ある　地方《ちほう》では、毎年《まいとし》　十一月ごろに　なると、くもの　ながれ糸が　とんで　きます。ちょうど、雪《ゆき》の　ふりはじめる　ころなので、この　ながれ糸の　ことを、人々《ひとびと》は、③「雪むかえ」と　よんで　いるそうです。

（八木沼健夫《やぎぬまたけお》「ふしぎな　くもの　糸」）

言葉を、文中から　それぞれ　三字と　一字で　ぬき出しましょう。

・[あ]の　いない　[い]だけが、たくさん　風に　とばされて　くる　もの。

あ [　　　]　い [　]

(4) ――③「雪むかえ」は　なぜ　そう　よばれるのですか。つぎから　えらび、記号で　答えましょう。

ア　雪と　いっしょに　ふって　くるから。
イ　雪の　ふる　ころに　とんで　くるから。
ウ　雪のように　白いから。
エ　雪のように　つめたいから。

（　　）

指導のコツ　くもの意外な移動方法と、地方によってはそれが季節の風物詩になっていることが書かれています。くもの生態と人の生活のかかわりに想像をめぐらせます。

月／日

時間 20分 [はやい15分 おそい25分]
合格 80点
得点
点
シール

1 つぎの 文章《ぶんしょう》を 読《よ》んで、あとの といに 答《こた》えましょう。

①太陽《たいよう》は、②どうして あんなに ぎらぎら かがやいて いるのでしょう。

それは、太陽が 地球《ちきゅう》のような わく星《せい》と ちがって、あつい ガスの 球《きゅう》だからです。かっと てりつける 夏《なつ》の 太陽。ぽかぽか あたたかい 冬《ふゆ》の 太陽。明《あか》るい 昼間《ひるま》を つくり、花を さかせ、くだものを みのらせるのも、地球に 雨を ふらせるのも、太陽の しごとです。

一おく五千万《ごせんまん》キロメートルも はなれた ところから、わたしたちに、かぎりなく [③] を プレゼントして くれる 太陽は、大ぶぶん 水《すい》そガスで できた、地球の 直《ちょっ》けいの

(1) ——①「太陽」に ついて、この 文章から わからない ことは 何《なん》ですか。つぎから えらび、記号《きごう》で 答えましょう。(20点《てん》)

ア 黒点の できる わけ。
イ 地球との きょり。
ウ 太陽に できる こと。
エ 太陽の しごと。

（　　）

(2) ——②「どうして あんなに ぎらぎら かがやいて いるのでしょう」と ありますが、なぜですか。つぎの [　] に あてはまる 言《こと》葉《ば》を、文中から ぬき出しましょう。(20点)

・太陽の 中に ある [　] が はんのうして ねつと 光を 出すから。

（　　）

↓答えは76ページ

百九ばいも　ある　きょ大な　あつい　ガスの星《ほし》です。

太陽は、石炭《せきたん》のような　ものを　もやして　かがやいて　いる　わけでは　ありません。太陽の　なかでは、水そガスが、水そばくだんを　いっぺんに　なん万も　ばくはつさせたような　ものすごい　原子力《げんしりょく》の　はんのうを、つぎつぎに　おこして　います。

その　ときに　でる、ねつと　光《ひかり》が、太陽を　あんなに　明るく、かがやかせて　いるので　す。太陽は、［④］ので、あと　五十おく年は、かがやきつづける　ことが　できます。

太陽は、とても　［⑤］ので、サングラスを　つけた　ぼうえんきょうで、かんそくしま　す。すると、まるで　ホクロのような　黒《くろ》い　点《てん》が、太陽の　ひょうめんの　あちこちに　あるのが　わかります。これが、太陽の　黒点《こくてん》で　す。

（藤井《ふじい》　旭《あきら》「太陽の　ふしぎ」）

(3)　［③］に　あてはまる　言葉を　つぎから　えらび、記号で　答えましょう。(20点)

ア　昼間と　夜《よる》　イ　光と　ねつ

ウ　花と　雨　エ　ガスと　石炭

（　　　）

(4)　［④］に　あてはまる　言葉を　つぎから　えらび、記号で　答えましょう。(20点)

ア　石炭が　とても　たくさん　とれる

イ　地球と　同《おな》じく　ガスで　できて　いる

ウ　水その　ねんりょうを　たっぷり　もって　いる

（　　　）

(5)　［⑤］に　あてはまる　言葉を　つぎから　えらび、記号で　答えましょう。(20点)

ア　おさない　イ　大きい

ウ　まぶしい　エ　あつい

（　　　）

しを読《よ》む (1)

シール

1 つぎの しを 読《よ》んで、あとの といに 答《こた》えましょう。

もちと ぼく　　まど・みちお

［①］が もう おわる
あの ［②］だった もちが
このとおり まるで石だ

おとしだま
ぞうに
たこあげ
けんか
かるたとりなどが
③この もちの中を

↓答えは77ページ

(1) ［①］に あてはまる 言葉《ことば》を つぎから えらび、記号《きごう》で 答えましょう。

ア 春《はる》やすみ　イ 夏《なつ》やすみ
ウ お正月やすみ　エ やすみ時間《じかん》

（　　）

(2) ［②］に あてはまる 言葉を つぎから えらび、記号で 答えましょう。

ア まっ白　イ やわらか
ウ ほがらか　エ おおらか

（　　）

(3) ――③「この もちの中を／ごうごう ごうごう 走りすぎたのか」と ありますが、走りすぎた ものを 五つ 答えましょう。

（　　）（　　）
（　　）（　　）
（　　）

ごうごう　ごうごう　走《はし》りすぎたのか
ぼくよ
どれだけ　大きくなったんだ
このもちが　石になったまに
アリ　一〇〇ぴきぶんくらいか
などと　いってるまにさえも
ノミ　一ぴきぶんずつくらいはか
おお　やすんでいる　ものなどは
いはしない
［④］もちたちも
生きている　ぼくたちも
⑤ごうごう　ごうごう　ごうごうだ

(4)［④］に　あてはまる　言葉を　つぎから　えらび、記号で　答えましょう。
ア　丸《まる》く　なった　　イ　やすんで　いる
ウ　ころがって　いる　　エ　しんで　いる
（　　）

(5)――⑤「ごうごう　ごうごう　ごうごうだ」とありますが、これは　どう　いう　ことですか。あてはまる　ものを　つぎから　えらび、記号で　答えましょう。
ア　じっと　やすんで、うごかない　こと。
イ　時間と　ともに　かわりつづける　こと。
ウ　石のように　かたく　なって　いく　こと。
エ　少《すこ》しずつでも、大きく　なって　いく　こと。
（　　）

指導のコツ　とめどない時間の流れを、独特な擬音語を使って表している点を押さえます。

1 つぎの しを 読《よ》んで、あとの といに 答《こた》えましょう。

夕日がせなかをおしてくる
阪田寛夫《さかたひろお》

夕日がせなかをおしてくる
①まっかなうでで　おしてくる
歩《ある》くぼくらの　うしろから
でっかい声《こえ》で　よびかける
さよなら　さよなら
さよなら　きみたち
ばんごはんが　まってるぞ
あしたの朝《あさ》ねすごすな
②

⬇答えは77ページ

(1) この しの 中の 「ぼくら」は、どの 方向《ほうこう》に むかって 歩いて いますか。つぎから えらび、記号《きごう》で 答えましょう。

ア 夕日が かがやいて いる 方向。
イ 夕日と はんたいの 方向。
ウ 夕日が しずんで いく 方向。

（　　）

(2) ――①「まっかなうでで　おしてくる」とは、どのような いみですか。つぎから えらび、記号で 答えましょう。

ア 夕日が 赤い 人の すがたに なって、「ぼくら」の せなかを おして いる。
イ 夕日の さす ほうから、強《つよ》い 風《かぜ》が ふきつけて いる。

月　日
シール

夕日がせなかをおしてくる
そんなにおすなあわてるな
ぐるりふりむき太陽《たいよう》に
ぼくらも負《ま》けずどなるんだ
さよなら　さよなら
さよなら　太陽
ばんごはんがまってるぞ
あしたの朝ねすごすな

③

ウ　赤い　夕日の　光《ひかり》が　「ぼくら」の　せなかに　当《あ》たって　いる。
エ　夕日の　光が、赤い　かんばんに　はねかえって　いる。
（　　）

(3)　②の　部分《ぶぶん》は　だれの　言葉《ことば》か　答えましょう。
（　　）

(4)　③の　部分は　だれの　言葉か　答えましょう。
（　　）

指導のコツ　夕日の赤い光を背中に受ける様子を「夕日がせなかをおしてくる」「でっかい声でよびかける」といったユニークなたとえで表現した詩です。七五調のリズムもよいので、音読してみるのもよいでしょう。

手紙《てがみ》・生活文《せいかつぶん》を 読《よ》む (1)

月　日

シール

1 つぎの 手紙《てがみ》を 読《よ》んで、あとの とい に 答《こた》えましょう。

はじめまして。

わたしは、山田《やまだ》小学校の 二年生の 山田かおりと いいます。

今日《きょう》は、山下《やました》小学校の 二年生に おねがいが あって、お手紙を 書《か》きました。

今《いま》、この 町では「草のね クリーンキャンペーン」と いう 活動《かつどう》を して います。

自分《じぶん》たちの すむ 町を、自分たちで きれいに しようと いう 活動です。

わたしたちの クラスでは、この 活動が どのように 行《おこな》われて いるのかを しらべて います。

そこで、町内《ちょうない》の すべての 小学校の 二年

➡答えは78ページ

(1) この 手紙は、おねがいを する ための 手紙ですが、どのような おねがいを して いますか。つぎから えらび、記号《きごう》で 答えましょう。
ア 町を きれいに する こと。
イ 活動の 様子《ようす》を しらべる こと。
ウ アンケートに 答える こと。
（　　）

(2) おねがいを きいて もらう ために、この 手紙を 書いた 人が くふうして いるのは、どのような ことですか。あてはまる ものを つぎから すべて えらび、記号で 答えましょう。
ア おねがいする 理由《りゆう》を 書いて いる。
イ「です」「ます」など ていねいな 言葉《ことば》で 書いて いる。

生、四年生、六年生に、この　活動に　ついて
の　アンケートを　して　います。
おねがいしたいのは、この　アンケートに
答えて　いただく　ことです。
この　お手紙と　いっしょに、アンケート用《よう》紙《し》と、切手《きって》を　はった　ふうとうが　入って
います。
アンケート用紙を　書いて、ふうとうに　入
れて　おくりかえして　ください。
[　　　]。

九月二十日

山田小学校　二年二組《くみ》
山田かおり

田中一平《たなかいっぺい》さま

ウ　相手《あいて》の　名前《なまえ》を　はじめに　書いて　いる。
（　　　）

(3) [　　]に　あてはまる　言葉を　つぎから　えらび、記号で　答えましょう。

ア　また　手紙を　おくるね
イ　早めに　かえして　ください
ウ　よろしく　おねがいします

（　　　）

(4) この　手紙を　うけとった　人は、何《なに》を　すれば　よいのですか。

（　　　　　　　）

指導のコツ どのような目的で書かれた手紙なのか、何をお願いする手紙なのかを、よく読んで押さえます。

手紙《てがみ》・生活文《せいかつぶん》を 読《よ》む (2)

↓答えは78ページ

月　日

シール

1 つぎの 生活文《せいかつぶん》を 読《よ》んで、あとの といに 答《こた》えましょう。

[　　　]

みなさんは、どんな おやつを 食《た》べますか。スーパーや コンビニで 売《う》って いる おやつも いいけれど、家《いえ》で 作《つく》ると、おいしいだけで なく、楽《たの》しいので、とても よいと 思《おも》います。

夏休《なつやす》みに、お父《とう》さんが、アイスクリームメーカーと いう ものを 買《か》って くれました。それで、妹《いもうと》と いっしょに、アイスクリームを 作りました。

まず、アイスクリームメーカーを、れいとうこに 入れて、ひやして おきます。それから、たまごの 黄身《きみ》と、さとうを ま

(1) [　] には この 生活文の 題名《だいめい》が 入ります。どのような 題名に なりますか。つぎから えらび、記号《きごう》で 答えましょう。

ア おやつを 買って 食べよう
イ おやつを 家で 作ろう
ウ アイスクリームが いちばん
エ いろいろな おやつを 買おう

(　　)

(2) 「家で 作る」おやつは、「コンビニで 売って いる」おやつと どこが ちがいますか。

(　　　　)

(3) この 生活文は、いつ、だれと、何《なに》を した ことが 書《か》かれて いますか。それぞれ 答えましょう。

ぜた　ところに、牛《ぎゅう》にゅうと　生クリームを　くわえて、ひやした　アイスクリームメーカーの　中に　入れて、ふたを　して、ふたに　ついて　いる　ハンドルを　ぐるぐると　回《まわ》します。三十分《さんじゅっぷん》ぐらい　回すと、ハンドルが　だんだん　おもく　なって　きて、ふんわり　つめたい　アイスクリームが　できあがります。

妹と　交代《こうたい》しながら、ハンドルを　回した　ことや、ハンドルの　おもさから、アイスクリームが　できあがって　いるんだなあと　そうぞうしながら　作った　ことは、とても　楽しい　思い出に　なりました。お店《みせ》で　買った　アイスクリームには、<u>こんな　楽しい　思い出</u>は　ついて　こないと　思います。

いつ　（　　）

だれと　（　　）

何を　した　（　　）

(4) ――「こんな　楽しい　思い出」に　あてはまる　ものを　つぎから　二つ　えらび、記号で　答えましょう。

ア お父さんの　作った　アイスクリームが　食べられた　こと。

イ おいしい　お店の　アイスクリームが　食べられた　こと。

ウ 家族《かぞく》と　いっしょに　アイスクリームを　作った　こと。

エ できあがる　アイスクリームを　そうぞうしながら　作った　こと。

（　　）（　　）

指導のコツ 書き手の意見（考え）→その理由→考えるきっかけになったできごと→結論、という構成の生活文であることに着目します。

30日 まとめテスト (6)

月　日

時間 20分【はやい15分 おそい25分】
合格 80点
得点　点
シール

❶ つぎの　しを　読《よ》んで、あとの　といに　答《こた》えましょう。

あくしゅ
武鹿悦子《ぶしかえつこ》

あくしゅは
てと　ての　でんわ
ことばが　つたわる
こころが　つながる

あくしゅは
てと　ての　でんわ
きれたあとまで
あたたかい

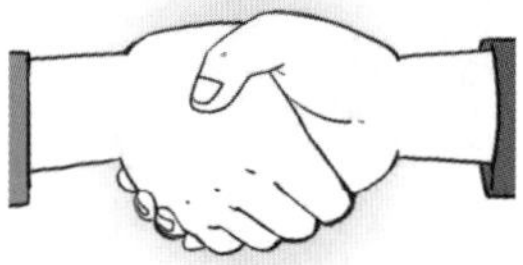

➡答えは79ページ

(1) この　しから　読みとれる　ことを　つぎのように　まとめました。つぎの　あ・い　に　あてはまる　言葉《ことば》を、文中から　それぞれ　三字で　ぬき出しましょう。（一つ20点《てん》―40点）

・「あくしゅ」は、あ　のように　手と　手が　つながる　ことで、言葉や　い　を　つたえる　ことが　できる。

あ［　　　］
い［　　　］

(2) ――「きれたあとまで／あたたかい」と　ありますが、何《なに》が　「あたたかい」のですか。あてはまる　言葉を　つぎから　すべて　えらび、記号《きごう》で　答えましょう。（20点）

ア　ことば　　イ　て
ウ　でんわ　　エ　こころ

（　　　）

❷ つぎの　手紙《てがみ》を　読んで、あとの　といに　答えましょう。

上田《うえだ》ゆうこ［①］

こんにちは、お元気《げんき》ですか。
今度《こんど》、ぼくの　小学校で　はっぴょう会《かい》が
あります。はっぴょう会は、五月十六日の　午《ご》
後一時《ごじ》から　四時までです。ぼくの　クラスは
みんなで　がっしょうを　します。
はっぴょう会に　むけて　毎日《まいにち》　がんばって
れんしゅうを　して　いるので、［②］。

四月二十日

山田《やまだ》小学校　二年二組《くみ》
上田たくや

(1)「上田ゆうこ」は「ぼく」が　この　手紙を　おくる　しんせきの　おばさんの　名前《なまえ》です。［①］に　あてはまる　言葉を、考《かんが》えて　答えましょう。(10点)

（　　　　）

(2)［②］に　あてはまる　言葉を　つぎから　えらび、記号で　答えましょう。(10点)

ア　ひまなら　きてね
イ　ぜひ　見に　きて　ください
ウ　かぜを　ひかないように　気を　つけて　ください
エ　これからも　よろしく　おねがいします

（　　）

(3)この　手紙は　何を　つたえたいのですか。(20点)

（　　　　　　）

しんきゅうテスト

月　日

時間 30分 〔はやい25分・おそい35分〕
合格 80点
得点　点
シール

➡答えは79ページ

1 つぎの 文章《ぶんしょう》を 読《よ》んで、あとの といに 答《こた》えましょう。

「チコちゃん、おねがい。①。おかあさん、もう すこしで アイロンかけ おわるから。」

おかあさんは、となりの へやで 本を よんで いる チコに いいました。

「うーん。」

チコは、「はい」と 「いや」の まん中ぐらいの へんじを すると、②のっそりと 立ちあがりました。だって、もう すこしで 本を よみおわる ところなのです。

「さ、こっちよ。」

チコは ノブくんの 手を ひいて、じぶんの へやに つれて きました。

(1) ① には おかあさんからの 「おねがい」が 入ります。どのような 「おねがい」ですか。つぎから えらび、記号《きごう》で 答えましょう。(10点《てん》)

ア ノブくんを ねかせて あげて
イ せんたくものを とりこんで
ウ ノブくんと あそんで あげて
エ おつかいに 行《い》って きて

（　　）

(2) ②「のっそりと 立ちあがりました」に あらわれて いる、チコの 気持《きも》ちを つぎから えらび、記号で 答えましょう。(10点)

ア 気が すすまない　イ うれしい
ウ とても 楽《たの》しみ　エ なき出したい

（　　）

おねえさんらしく　いろいろ　おもちゃを
だして、あそんで　あげようと　しました。
③、ノブくんは　ぶちゅぶちゅ　わけの
わからない　ことを　いって、かってに　ひと
りで　あそびはじめました。
④、チコも　本の　つづきを　よむ　こ
とに　しました。
しばらく　して、チコが　みると、⑤おやお
や、たいへん。ノブくんは、チコの　だいじな
おもちゃばこに、クレヨンで　めちゃくちゃな
絵《え》を　かいて　いるのです。
「これ、ブーブー。」
ノブくんは、とくいそうに　チコに　いいま
した。
⑥「なにが　ブーブーよ。くちゃくちゃの　まる
じゃないの。」

（角野栄子《かどのえいこ》「らくがきは　けさないで」）

(3)　③・④に　あてはまる　言葉《ことば》を　つぎ
から　えらび、それぞれ　記号で　答えましょ
う。（一つ5点—10点）
ア　でも　　イ　それに
ウ　つまり　　エ　それで

③（　　）　④（　　）

(4)　——⑤「おや　おや、たいへん」と　あります
が、なぜ　たいへんなのですか。（10点）

（　　　　　　　　）

(5)　——⑥「なにが　ブーブーよ……」と　ありま
すが、この　ときの　チコの　気持ちを　つぎ
から　えらび、記号で　答えましょう。（10点）
ア　わたしの　ほうが　うまく　かける。
イ　らくがきされて　かなしい。
ウ　らくがきなんか　楽しく　ない。

（　　）

2 つぎの しを 読んで、あとの といに 答えましょう。

おさかな

高木《たかぎ》あきこ

おさかな きらい
[①]があるもん
このあいだなんか のどにひっかかって
あたし ないちゃった

おさかな きらい
[②]があるもん
おさらの上から [③]
あたしのこと見たりするんだもん

おさかな すき すき
すきっ
だって だって……
あたし ねこのこもらったの！
「おさかながいちばんすきなのよ」って
よしこちゃんのママがいったの

(1) [①]・[②]に あてはまる 言葉を つぎから えらび、それぞれ 記号で 答えましょう。（一つ10点—20点）

ア 目　イ 口　ウ ほね　エ かわ

①（　　）②（　　）

(2) [③]に あてはまる 言葉を つぎから えらび、記号で 答えましょう。（10点）

ア ぴょんぴょん　イ うっかり
ウ ぱったり　エ しょんぼり

（　　）

(3) ――「すき」と ありますが、「きらい」だった「おさかな」が「すき」に なったのは どうしてですか。（20点）

（　　　　　　　　　　）

●1日 2・3ページ

1 (1)ウ
(2)(例)(じんじゃが) つばきで いっぱいな ようす。
(3)ア (4)ア

指導の手引き

1 (1)「ぽとり」は、しずくなどの小さなものが落ちる様子を表す言葉です。このような様子を表す言葉を「擬態語」といいます。ここでは、つばきの花が落ちる様子を表しています。
(2)「つばきの もりと よばれるほど」とあります。「ほど」は、動作や物の状態の程度を表すのに使われる言葉です。ここでは、神社のつばきの多さの程度を表すために「ほど」が使われています。
(3)「かさこそ」は、乾いた小さなものが動く音を表す言葉です。このような言葉を「擬音語」といいます。ここでは、つばきの木に集まっためじろが葉の中で動く音を表しています。
(4)「〜のように」とほかのものにたとえて、様子を思い浮かべやすくする方法が使われています。つばきの赤い花が地面を埋め尽くしている様子のたとえなので「まっかな じゅうたん」を選びます。

チェックポイント 状態や程度の表現
「〜ほどの(に)」「〜のような(に)」といった言葉を見つけることができれば、イメージを思い浮かべながら読むことができるようになります。

●2日 4・5ページ

1 (1)ア (2)かなへび
(3)目を きらきら(させて) にこにこ(しました)
(4)イ

指導の手引き

1 (1)「その つぎの しゅんかんの ことでした」という文を、次の出来事の手前に入れることで、読者をいったん立ち止まらせ、次に何が起こるのかと身構えさせる効果があります。
(2)「きょうりゅう」のことを、ハキちゃんとよねだくんは「カナヘノサウルス」と呼んでいます。しかしこれは答えではありません。その正体は、虫めがねをはずしてからわかります。最後の文に「けれど、虫めがねを はずすと、それは しっぽの ながい かなへびで、よねだくんの けらいでした」とあることから、答えは「かなへび」であるとわかります。
(3)「きらきら」は、ものが輝いている様子を表す擬態語、「にこにこ」は、笑顔を表す擬態語です。ここでは、「目を きらきらさせて」からハキちゃんが楽しそうにしている様子が、「にこにこしました」からよねだくんが楽しそうにしている様子が、それぞれ読み取れます。
(4)ふつうの文は「何が……どうした」「何が……どんなだ」「何が……何だ」のようになります。文の終わりは「どうした」「どんなだ」「何だ」となります。――④はこの「どうした」「どんなだ」「何だ」がなく、「口」「目」という、ものの名前で文が終わっています。

チェックポイント さまざまな表現
「擬態語」や「擬音語」などさまざまな表現が物語ではよく使われます。それぞれの効果が、物語をより味わい深くしているのです。

●3日 6・7ページ

1 (1)もも
(2)ウ

(3)木のぼり・かけっこ(順不同)
(4)ア

指導の手引き

1 (1)「この」は直前に出てきた内容を指し示すことが多い言葉です。よって「この　こ」の「この」が指す内容を、前からさがしてみます。すぐ前に出てきた「もも」という名前の女の子です。

(2)「この〝もも〟は、……おてんばむすめだったって」とあるので、女の子を指していることがわかります。

(3)(1)と同じく、前の内容に着目してさがします。すると「あさから　ばんまで、木のぼり、かけっこ」とあります。一般的に男の子のほうが得意とされる「木のぼり」や「かけっこ」が、「もも」は「おとこのこより、よっぽど　うまい」という文脈になります。

(4)(1)・(3)と同じく、前の内容に着目してさがすようにします。すると、「とうさんや　かあさんを　びっくりさせる　いたずらは、しょっちゅう　やる」と書かれています。よって、「その　たんび」は、いたずらをするたびということだとわかります。

チェックポイント　指し示す言葉

文章で同じ言葉をくり返し使わないように、前に出てきた言葉を指し示したり、会話でお互いにわかっていることを指し示したりする言葉が「こそあど言葉」です。何を指し示しているのか、つねに注意しながら読んでいくことが大切です。

● 4日　8・9ページ

1 (1)エ
(2)イ
(3)ウ

指導の手引き

1 (1)「どこ」は、場所がわかっていないときに使う言葉です。したがってここでは、においがしてくる場所がわからないということになります。**ア**・**イ**は「よい　におい」、「木にそっくりな　におい」とありますが、「はなを　つくような　どくとくの　におい」と一致しないためあやまりです。**ウ**は「森の　おくから」とある点があやまりです。「森の　おくから」と場所がわかっているのであれば、「どこからか」という表現は使いません。

(2)「この」は直前に出てきた内容を指し示すことが多い言葉です。よって「この　角」の「この」が指す内容を、前からさがしてみると、すぐ前に書いてある、カブトムシの角のことであるということがわかります。メスにはないということは、すぐ前のカブトムシの角はオスの角であり、オスにある角がメスにはない、という文脈であることがわかります。

(3)すぐ前に「いっついの　しょっ角」が出てきているのに続いて、「その　先」という言葉が用いられています。よって「その」が指すのは「いっついの　しょっ角」であることがわかり、答えは**ウ**「しょっ角の　先」となります。

チェックポイント　こそあど言葉

こそあど言葉には「これ・それ・あれ・どれ」「この・その・あの・どの」「ここ・そこ・あそこ・どこ」「こちら・そちら・あちら・どちら」「こう・そう・ああ・どう」などがあります。

● 5日　10・11ページ

1 (1)(例)そして(それから)
(2)ウ
(3)でも
(4)ア　(5)ウ

指導の手引き

1 (1)お母さんは、かた手に水色のパラソルをもつ、という動作に続いて、もうかた方の手におみまいの入った手かごをさげる、という動作を行っています。前の動作にあとの動作を付け加えるかたちになるので、「そして」「それから」などが入ります。

(2)「なにから、はじめようかしら……」と言ったこうさぎの目に、お母さんのエプロンがとまったところです。前の文に続いて新しく起こることがあとの文に書いてあるので、「すると」が入ります。

(3)お母さんと同じエプロンの着け方をしても、こうさぎにはあわない、という文脈になります。よって、あとの文が、前の事がらとは逆の結果になることを示す、「けれども」「しかし」「でも」といった接続語が入ります。文字数から「でも」を入れます。

(4)エプロンが大きすぎたために、こうさぎはエプロンを首からかけることにしたのです。前の文を理由として起こることが、あとの文に書かれているので「そこで」が入ることがわかります。

(5)エプロンをうまく着けることができて、うれしい気持ちになっていることがわかります。

チェックポイント　接続語に着目

接続語に着目することで、文と文のつながりだけでなく、物語全体の流れを理解して読むことができるようにします。

●6日　12・13ページ

1 (1)イ

(2)ウ

(3)ア

(4)アクぬき

指導の手引き

1 (1)前の文で述べられた「トチのみには、虫が　くって　いるのも　まじって」いるという内容を原因として、①以降の工程は行われます。よって①には、「それで」「だから」「そのため」などの接続語が入ります。また、②は、前の文で述べられた「水の　はいった　大きい　たるに　みを　いれて、虫をころします」という工程に続く作業が、あとの文に書いてあることから「そして」「それから」「さらに」などの接続語が入ります。

(2)③の前に「アクぬきを　しなければ　なりません」とあるので、次の文からは「アクぬき」の手順が始まることがわかります。手順の最初なので「まず」が入ります。

(3)④のあとの文には、「アクぬき」の二番目の工程について、⑤のあとの文には、アクぬきをしたトチの実をもちにする工程について書かれています。工程の順番に沿って書かれているので、④・⑤には、ともに文と文を順につなぐ言葉が入ります。したがって④「それから」、⑤「つぎに」となります。

(4)「ほして　ほぞんする」と「もち米と　いっしょに　むす」の間の作業を問う問題です。苦味を抜くための「アクぬき」がここに入ります。皮をむく、水にさらす、木ばいのなかに入れる、などの細かい過程も、二段落にわたって書かれていますが、これらの作業はすべて「アクぬき」にあたることを押さえます。

チェックポイント　接続語と順序

「まず」「最初に」「次に」「最後に」などの、順序を示す接続語に注意します。これらの接続語に着目することで、出来事の順番を正しく理解することができます。

●7日　14・15ページ

1 (1)ウ

(2)はたけ

(3)エ

(4)④ウ　⑥イ　⑦ア

(5)ウ

指導の手引き

1 (1)①の前後を見ると、「げんきです」と「はたけの　ほうへ　とんで　いく　ことに　しました」は、前の事がらにあとの事がらがそのまま続いているので、「そこで」が入ります。

(2)「あそこ」は、離れた場所を指し示す言葉です。すぐ前に出てきた離れた場所である「はたけ」を指し示しています。

(3)「きみに　あげる」とてんとうむしが言っているので、マフラーはてんとうむしのものだと考えられます。したがって、話し手の近くにあるものを指す「この」が入ります。

(4)**ア**「ぽつりと」は、物や言葉などがひとつである様子なので、[⑦]に入ります。**イ**「じっと」は動かないでいる様子を表すので、[⑥]に入ります。**ウ**「そっと」は動作などが静かな様子を表すので、[④]に入ります。**エ**「ほっと」は気持ちが落ち着いて安心する様子を表すので、この文章ではどこにも入りません。

(5)「きみと、ともだちに　なれたから、ぼく、あわてんぼで　よかった」が、一般的な言い方になります。ここでは、「きみと、ともだちに　なれたから」という部分を強調して伝えるために、あえて順番を入れかえるという工夫がされているのです。このような表現技法を「倒置法」といいます。

チェックポイント　表現を押さえる

(4)で使われた「様子を表す言葉」や、(5)で使われた「倒置法」などの表現は、場面の背景や人物の行動・感情などを想像させやすくする効果をもっています。

● 8日 16・17ページ

1 (1)ねずみの　おじょうさん

(2)ア

(3)①びーばーさん(と)　やまねこさん(順不同)

②あんずジャム(の　サンドイッチ)

(4)は　(5)ウ

指導の手引き

1 (1)最初のお客である「びーばーさん」が「おはよう、ねずみの　おじょうさん」と言っていることに着目します。「びーばーさん」は最初のお客なので、サンドイッチやさんには、「びーばーさん」と、お店の店員しかいないはずです。よって、お店をはじめたのは「ねずみの　おじょうさん」であるとわかります。

(2)「大きな　サンドイッチ」の様子を表す言葉なので「おいしそう」が入ります。

(3)①「チーズと　やさいの　サンドイッチ」を二つ買ったのは「びーばーさん」。「びーばーさんは、やまねこさんと　おひるを　たべる　やくそくを　して　いたので、やまねこさんの　ぶんも　かって　いきました」とあるので、食べるのは「びーばーさん」と「やまねこさん」です。②「あんずジャムの　サンドイッチを　ひとつ」の　すぐあとに、「ねずみの　はいしゃさんも　やって　きました」とあります。

(4)食後に「みがく」のは「は」です。「あんずジャムの　サンドイッチ」を買ったのが「ねずみの　はいしゃさん」であることにも着目します。

(5)文章の題名は、その文章で話題になっていることや言いたいことを一言で表すようなものになっています。この文章を通じて書かれているのは、サンドイッチ屋さんに次々にやって来てサンドイッチを買っていく森の仲間たちなので、「もりの　サンドイッチやさん」が題名として合うことになります。

チェックポイント　話題を読む

文章で主な話題とされていることが何なのかを読み取ります。

● 9日 18・19ページ

1 (1)(例)チイばあちゃんが　かぎばりを　さがして　いるから。

(2)とらた

(3)(あ)ふるづくえ　(い)いちばん　した

(う)おくの　おく

(4)(あ)チイばあちゃん　(い)とらた　(う)みた

指導の手引き

1 (1)次のとらたの言葉に着目します。とらたは「わかった。また　さがしものでしょう」と言っています。ここから、「チイばあちゃん」が「さがしもの」をしていてうるさかったのだということがわかります。「チイばあちゃんが、さがしものを　して　いるから」でも答えとしては可ですが、とらたの「いったいなにを　さがしてるの？」という言葉に、チイばあちゃんが「けいとを　あむ　かぎばり」と答えていることから、チイばあちゃんはかぎばりをさがしていたのだというところまで読み取って答えられるとよいです。

(2)直後の「ふたつの　めが　ぱちっと　あいた」とは、目覚めの様子を表しています。前の部分で、チイばあちゃんが「あら、とらた。もう　おきたの？」と言っていることから、ここで目を覚ましたのはとらたであることがわかります。

(3)あとの内容に着目します。とらたはチイばあちゃんのさがしもの（かぎばり）がどこへいったか、最初は「しらないなあ」と言っています。しかしそのあとすぐに、そのかぎばりの気配を察知して、「あの　ふるづくえの　いちばん　したの　ひきだしだ」「おくの　おくまで　みたの」と言っています。このとらたの言葉から、答えに必要な箇所をぬき出して書きます。

(4)とらたに「ふるづくえの　いちばん　したの　ひきだし」にさがしものがあることを指摘されたチイばあちゃんは「あそこなら　ちゃんと　みたわよ」といばって言いましたが、「おくの　おく」にさがしものがあるかもしれないという可能性を、とらたにさらに指摘されたので、おどろいているのです。

チェックポイント　だれの動作か

登場人物が何人かいる場合、だれがどのように行動しているのかを、分けて考える必要があります。行動の場所や時間帯、条件もふまえた上で読み取ることが必要です。

● 10日 20・21ページ

1 (1)ウ　(2)イ　(3)イ　(4)ア

指導の手引き

1 (1)「こういう　あいさつことばを、日本人は、しょっちゅう　つかう」が、「あいさつことば」についての説明です。「こういう　あいさつことば」の「こういう」は、その前に実際に挙げられたあいさつことばの具体例を指しています。

(2)段落2のはじめに「でも」とあるので、ここには「あいさつことば」を「しょっちゅう　つかう」国と反対の意味の国が入ります。

(3)日本人が「あいさつには、とくべつ　うるさい」ということや、日本では「あいさつが　ちゃんと　できないと、たいへん」ということの具体例です。

(4)段落5のはじめに「ところで」とあります。これは話題の転換を表す言葉であるため、この段落の役割はアが正解です。

チェックポイント　説明文の構成

具体例を挙げたり、理由を書いたり、他のものと比べてみたりすることで、説明をわかりやすくします。

● 11日 22・23ページ

1 (1)流れ星　(2)イ　(3)(右から順に)2→3→1　(4)4

指導の手引き

1 (1)「流れ星が　きえない　うちに、ねがいごとを　三度　となえると、その　ねがいごとが　かなう」といういいつたえについて書いてある段落なので題名は「流れ星の　いいつたえ」となります。

(2)段落1で、流れ星にねがいごとを三度となえると願いがかなう、段落2で、流れ星は一秒前後で消えてしまうので、とっさにねがいごとをとなえられない、という内容が書かれています。これを受けて段落3では「そこで」と、段落2で指摘した問題点に対する解決方法を提示しています。したがって、段落2で指摘された問題点が「早口ことば」の理由となります。

(3)「流れ星用に　みじかい　時間で　となえられる　言葉が　つくられた」は段落3に、「流れ星に　ねがいを　かなえて　もらうには　まつ　ことが　大切だ」は段落4に、「流れ星は　すぐに　きえて　しまう」は段落2にそれぞれ書かれています。

(4)(1)でも述べたように、段落1は流れ星のいいつたえについて述べられています。2・3は1の内容を受けて、流れ星がすぐに消えてしまうので、早口ことばが考え出された、という話題について述べられています。段落4は、流れ星は、めったに流れないのでしんぼうづよく待とう、という話題について述べられています。「ところで」という話題を転換する言葉が使われている点にも着目して考えます。

チェックポイント　段落間の関係

説明文では、一つのことを説明するのに、いくつかの段落を使うこともあります。段落と段落の関係に着目するには、段落はじめの接続語に注意するとよいでしょう。

● 12日　24・25ページ

1 (1)ウ

(2)エ

(3)あおもい　い風

(4)(右から順に)2→1→3

指導の手引き

1 (1)「もくもく雲」の中でできるいろいろなもののでき方が説明されています。最後の段落からは、雷の話になり、そこでもくもく雲についての知識が必要となることがわかりますが、中心となる話題はもくもく雲です。

(2)前の段落で、「小さい　こおりの　つぶ」が「たがいに　ぶつかったり、くっついたりして、だんだん　大きく　なり」あられや雪ができるのだということが説明されているので「こうして」があてはまります。

(3)――を含む段落をよく読んで答えます。あられは、おもいのでおちはじめる→強い風に吹き上げられる→あがったりさがったりする→ひょうになるという、落下と上昇のプロセスが書かれています。

(4)「こおりの　つぶは　ぶつかったり　くっついたり　しながら　あられに　なる　こと」は　第二段落、「水の　つぶは　おんどが下がると　こおりの　つぶに　なる　こと」は第一段落、「雲の　中の　つぶや　あられの　中には　かみなりに　かかわる　ものも　ある　こと」は第六段落に書かれています。

チェックポイント　段落ごとの内容

各段落でどのような内容が書かれているかをしっかり押さえることが、文章を読解する上では重要です。

● 13日　26・27ページ

1 (1)ウ

(2)イ

(3)あ大きく　いおどかして

指導の手引き

1 (1)すぐあとの一文に着目します。「これは、カマキリを　ねらう　鳥たちの　目を　ごまかす　ためだと　いわれて　います」とあります。また、さらにくわしい説明が、次の段落にも書かれているので、読み進めます。カマキリの色が二種類あるのは、一方の色のカマキリを食べておいしいと思った鳥が、その色のカマキリばかりをさがして食べるようになることで、もう一方の色のカマキリは生き延びることができるようになるためです。こうして鳥の目をごまかして生きるために、カマキリには緑色のものと茶色のものが存在するようになったのです。

(2)直前の段落で、「カマキリは、ぎこちない　しせいの　ままで、じっと　して　います」と書かれています。カマキリが「じっと　して」いるので、筆者は動けないのだと思ったのです。よって**イ**が正解になります。**ア**「えものを　ねらって　いるんだ」や、**ウ**「体がよわって　いるんだ」にあたる様子は、このカマキリからは見られません。このときのカマキリについてわかるのは、画用紙の上に乗せられていることだけなので、**イ**を選びます。

(3)最後の文に「きっと　体を　大きく　見せかけて、あいてを　おどかして　いるのでしょう」と書かれています。指定字数に合うように気をつけて、言葉をぬき出すようにします。

チェックポイント　理由の場所

理由を先に書いてから結論を書く文章もありますが、先に現象や結論を書き、読者に「なぜだろう？」と思わせたところで理由を書く文章もよく見られます。理由がどこに書かれているのかをさがすことが必要です。

● 14日　28・29ページ

1 (1)(例)ちきゅうの　なかに　ある　がんせきが　くずれて　じめんが　ゆれる　こと。

(2)ア

(3)①(あ)がんせき　(い)うごき　(う)ふるえ
（(い)・(う)は順不同）
②(あ)ばしょ　(い)おおきさ

(4)がんせきの　つぎめ

指導の手引き

1 (1)すぐあとに「じめんの　した、ちきゅうの　なかに　ある　がんせきが　くずれて　じめんが　ゆれる　こと」とあることに着目します。

(2)つなぎ言葉の問題です。前後の文の関係に注目します。前の文では「じしん」とはどんなことかという説明をしています。じしんは地面の下での出来事が原因でおこるので、あとの文で書かれているとおり、じしんについて知るためには、「じめんの　した」や、「ちきゅうの　なか」のことを知らなくてはなりません。前の文(理由)を受けてあとの文で意見を述べているので、「だから」が入ります。

(3)①すぐ前の一文に「がんせきが　くずれた　うごきや　ふるえは　じしんの　なみと　なって　ちきゅうの　うえや　なかを　つたわり　ひろがって　ゆく」とあることに着目します。この部分で「がんせきが　くずれた　うごきや　ふるえ」が「じしんの　なみ」になると述べています。②すぐあとの一文に着目します。「いくつもの　はなれた　ところで　きろくした　じしんの　なみを　くらべ、じしんを　おこした　ばしょや　じしんの　おおきさを　つきとめる」とあります。

(4)すぐあとの一文に着目すると、「じしんが　よく　おこる　ところは……あたって　いることが　はっきり　して　きた」とあります。この部分の直前に「その　ようす」とあり、これが「いくつも　おこった　じしんの　ようす」を指していることを読み取れば、この部分をすぐに見つけることができます。

チェックポイント　理由を読み取る

つなぎ言葉や指示語をしっかりと押さえることで、理由を述べている部分が読み取りやすくなります。

● 15日　30・31ページ

1 (1)(例)ねえさんや　にいさんに　おいて　いかれたく　ないと　思ったから。

(2)ア

(3)ウ

(4)ウ

指導の手引き

1 (1)「うちで　まってなさい」という兄や姉の言葉に、チロが「いやだよ」と言っていることから、チロが兄や姉についていこうとしていることがわかります。「ついて　いきたいと　思ったから」や「るすばんを　したくないと　思ったから」なども正解とします。

(2)——①のあとで、チロは兄と姉についていこうとしたものの、追いつけず、駆け足になって転んでしまいます。兄や姉との距離が、声も届かないほど離れてしまい、ひとり取り残されたチロの心情を考えます。**イ**は「きたい　して　いる」という心情が、チロの言葉からは読み取れないのであやまり、**ウ**は「けんか　した　こと」という内容が本文と一致しないのであやまりです。

(3)転んだあとで『ぽろっと　なみだを　こぼす』とあるので、泣いていることがわかります。

(4)やまぶどうを見つけて「いい　もの　みつけた！」と喜んでいる場面です。「なみだを　ふきながら」とあるので、もう泣いてはいないことがわかります。

チェックポイント　気持ちと行動

登場人物の気持ちは、その人物の行動や発言に表れています。行動や発言がどのように移り変わっていくのかに着目して、気持ちを読み取っていきます。

●16日　32・33ページ

1 (1)イ　(2)エ　(3)イ

指導の手引き

1 (1)すぐあとに「ちゅうもんは　ひとつなんだから、よーく　かんがえないと」とあります。とっさに言いかけた注文をやめたのは、よく考えるためであるということが、ここから読み取れます。最初の「おねがい」は「どなるの　きんし！」であったのに、よく考えた結果、結局「ぼく」が口にした「おねがい」は「やすみじかんは、しんけんしょうぶで、ぼくたちと　あそんで　ください」へと変わったのです。

(2)「ぼく」は、みんなの声を聞きながらいろいろと「おねがい」を考えていましたが、やがて一つの「おねがい」に決め、「じゃあ、います」と「おねがい」を発表する前置きを口にしています。――②は、大事な「おねがい」を言う前に、少し間を置いているところになるので、**エ**が正解です。**ア・イ・ウ**は、この文中の「ぼく」の様子からは読み取れません。

(3)「『えっ?』と　いう　かお」は、おどろいたときの顔です。「ぼく」の「おねがい」がおどろくようなものであったから、みんなそのような表情をしているのです。**ア**は「おねがいを　とりけした」ということがどこにも書かれていないのであやまりです。**ウ**は文中に書かれているみんなの「おねがい」と、「ぼく」の「おねがい」がまったく異なるものであることから、あやまりであるとわかります。

チェックポイント　表情と気持ち

気持ちは表情やしぐさに表れます。したがって、表情やしぐさに着目することで、登場人物たちの気持ちを読み取ることができます。

●17日　34・35ページ

1 (1)イ　(2)あくじら　い船　(3)エ　(4)①(例)くじらや　ほかの　魚たち　②(例)船が　しずまないように、下から　おし上げる　こと。

指導の手引き

1 (1)船にあながあき、水が流れ込んでくる場面です。前の部分で、「水を　くい止めようと、ひっしに　なって　はたらいた」にもかかわらず、「水の　力が　強くて」とあることから、危険が迫っている状態であることがわかります。

(2)嵐がしずまってからの場面に、船が沈まなかった理由が書かれています。くじらたちが船の下から支えていたために、船は沈まなかったのです。前後の文や直後の段落だけでなく、文章全体をよく読んでさがします。

(3)嵐が去って朝が来たところなので、ほっと一安心した状態にふさわしい言葉を選びます。

(4)「もう　ほんの　ちょっと　たのむ」は、今やっていることをさらにもう少し続けてほしい、ということです。船のあながふさがっていない状態だと、またいつ水が入ってきて沈んでしまうかわからないため、その修理が終わるまで船を支えてほしいと、くじらたちにたのんでいる言葉です。

チェックポイント　理由を見つけ出す

この文章では、前の場面で起きた不思議な出来事の原因や理由が、そのあとの場面で書かれています。しっかりと文章全体を読むことで、その理由を読み取れるようにします。

● 18日　36・37ページ

1

(1)ア

(2)(例)なわを　きって　ライオンを　りょうしから　たすけた　こと。

(3)イ

(4)おまえみたいな　おちびさんに　なにが　できる。

指導の手引き

1 (1)ねずみの言葉に「ごめんなさい」とあることと、また、ねずみの言葉の直後に「ひっしにあやまる　ねずみ」とあることなどから、ねずみはライオンに謝って、背中にのぼったことを許してもらいたいと考えていたことがわかります。

(2)本文の後半は、ねずみが猟師たちにつかまったライオンを助ける場面です。前半の場面でライオンに許してもらったねずみが、そのお礼にライオンを助けに来た、と考えるのが自然です。

(3)——②をふくむライオンの言葉に着目します。ねずみに向かって「おまえみたいな　おちびさんに　なにが　できる」と言っていることから、お礼になるようなことは何もできるはずがない、とねずみをばかにしていることがわかります。アの「よろこんで　いる」も、ウの「てれくさく　思って　いる」も、笑うという動作につながる可能性がありますが、本文のライオンの心情としては適切ではありません。

(4)——③の直前で、ライオンが「ばかに　して　わらったり　して　ごめん」と言っていることに着目します。ここから、ライオンが許してほしいと思っているのは、ねずみをばかにしたことであるとわかります。ライオンがねずみをばかにして笑っている発言をぬき出します。

チェックポイント　場面のつながり

物語の中では、たびたび場面が移り変わります。前の場面で起きたことが、その後の登場人物の行動に影響してくることもあるので、場面のつながりに着目します。

● 19日　38・39ページ

1

(1)イ

(2)イ

(3)(例)しっぽが　みじかくて、はやく　およげない

(4)エ

指導の手引き

1 (1)オタマジャクシの子どもたちはスタートラインに並んでいる、ということが書かれたあとで、タマだけは別の場所にいる、ということが書かれています。前に書かれているオタマジャクシの子どもたちの状況と、タマの状況が反するので、「しかし」が入ります。

(2)スタートラインではなく、コースの真ん中に立っている、ということは、泳ぐ距離を短くしてもらっているということだとわかります。

(3)さかなたちの「あの　子は、しっぽが　みじかくて、はやく　およげないから、あれでいいのさ」という言葉に、タマが特別なスタートラインに立たされている理由が表れています。

(4)タマは、泳ぐのが遅いのはいけないことだと言われているかのように感じて、悲しくなっているのです。

チェックポイント　心情の表現

物語では、登場人物の心情を丁寧にたどって読んでいくことで、登場人物に感情的により添った気持ちで(感情移入して)読み進めていくことができます。心情の表現をしっかり押さえながら読んでいくことが大切です。

● 20日　40・41ページ

1 (1)ア
(2)イ
(3)エ
(4)㋐おかあさんがに
㋑おとうさんがに

指導の手引き

1 (1)すぐあとに、「あたりを　見まわしました」とあります。その結果としてたらを見つけ、おとうさんがにはそのたらを追い払おうとしています。よってこれは、おかあさんがにをねらってくる敵を、できるだけ早く見つけるための行動だとわかります。また、――①よりも前の部分で、おとうさんがにが、「だいじょうぶ、しんぱいするな。どんな　てきが来たって、おっぱらって　みせる」と言っているのもヒントになります。

(2)「いっしょうけんめい」敵を追い払いつづけたときにどういう状態になるのかを考えます。

(3)こうらを脱いだすぐあとのこうらは「やわらかく」と書いてあります。これが「前と　同じくらい」に変化したのですから、「やわらかく」の対義語である、エ「かたく」が正解であるとわかります。

(4)――④はおかあさんがにの言葉です。わたし＝おかあさんがに、あなた＝おとうさんがにということになります。おかあさんがにの新しいこうらが、やわらかいままでは、おとうさんがにを守ろうとしてもすぐに傷ついてしまいますが、今は前と同じくらいかたいこうらになったので、おとうさんがにを守ることができるようになった、という文脈です。ここから、このあとおとうさんがにが、おかあさんがにに守られながらこうらを脱ぎかえるのだと推測できます。

チェックポイント　行間を読む

この文章では、「おとうさんがに」の脱皮の場面が書かれていません。それにもかかわらず、「おかあさんがに」の言葉から、このあと「おとうさんがに」が、「おかあさんがに」に守られながら脱皮するのだろうということが読み取れます。物語にはこのように、書かれていないことを読み取らせる工夫がなされています。

● 21日　42・43ページ

① (1)エ
(2)①かっぱ
②(例)かっぱを　しんだ　たきちの　うまれかわりと　おもって　いたから。
(3)㋐はたけ
㋑さかな
(4)きゅうり

指導の手引き

① (1)「きょねんの　あき」に、五歳の息子のたきちを亡くしたことと、たきちが生まれたときにかかが死んだことが書いてあります。「いまは　もう　ひとりぼっち」という言葉も書かれているので、げんさんはひとりで暮らしているのだと読み取ることができます。

(2)①きゅうりをもらったお礼のつもりで、「はたけの　すみっこに、あゆや　いわななど、かわの　さかなが　おいて」あるのを見て、げんさんは、「かっぱの　やつめ」と言っています。ここから、きゅうりを取っていったのが、かっぱであることがわかります。

②きゅうりがなくなったのが、かっぱのしわざ

だとわかったときのげんさんの言葉に、「しんだ　たきちの　うまれかわりと　おもえば、はらも　たたん」とあります。

(3)すぐあとに「きゅうりを　もらった　おれいの　つもりだろうか、はたけの　すみっこに、あゆや　いわななど、かわの　さかなが　おいて　あった」とあります。お礼に置いていったらしいものを見たので「きを　つかいおって」と言っているのです。

(4)「すんなら　わしも……」とあります。これは、げんさんのことを思って、かっぱがさかなを置いていったことを受けて、げんさんもかっぱが喜ぶものを買ったのだという文脈になります。(2)の解説で述べたように、「うらの　はたけの　きゅうり」を取っていったのが「かっぱ」であることから、かっぱがきゅうりをほしがっていたことが読み取れます。

チェックポイント　謎を解く

きゅうりを取っていた犯人が誰なのか「げんさん」にはすぐわかっていますが、読み手にはすぐにわからないようになっています。文章全体をよく読んでさがします。

● 22日 44・45ページ

1 (1)どうぶつ

(2)(例)えいようが　たくさん　あるから。

(3)ウ

(4)ア

(5)春

指導の手引き

1 (1)直前に「りす」と「ねずみ」という具体例が挙げられています。

(2)直後に「どんぐりには、えいようが　たくさん　あるからです」と書かれています。

(3)前後にある「冬」「北風」「しも」といった言葉から、寒さや冷たさを連想して選びます。

(4)——④を含む一文に着目します。「おちばなどの　かげに　あって、しもに　当たらなかった　どんぐりが　生きのこります」とあるので、正解は**ア**です。**イ・ウ**は、——④を含む段落に「せっかく　ねを　出しても、……しもに　当たると、だめに　なって　しまう　ことが　あります」という記述があることから、不適切だとわかります。

(5)直後の段落で、「春に　なり、……どんぐりは、めを　出しはじめます」「冬を　こすことが　できた　その　ほかの　どんぐりも、あたらしい　ねや　めを　出しはじめます」と述べられています。どんぐりが待っていたのは、根や芽を出すのに最適な季節、「春」であることがわかります。

チェックポイント　比較する

動物に「食べられたどんぐり」と、「食べられなかったどんぐり」、しもに「当たったどんぐり」と「当たらなかったどんぐり」など、それぞれのどんぐりを比べ、どうなるかを押さえます。

● 23日 46・47ページ

1 (1)(あ)たいよう　(い)ちきゅう

(2)エ

(3)(あ)だいうちゅう　(い)たいようけい

指導の手引き

1 (1)「ちきゅうの　まわりを、つきが　ぐるぐる　まわって　います」「ちきゅうは　たいようの　まわりを　ぐるぐる　まわって　います」と本文中に書かれていることから答えがわかります。地球と月のちがいを押さえるようにします。

(2)「おおきな　ほしの　あつまり」として挙げられているのは「ぎんがけい」と、「うずまきがた」「おだんごがた」「エスのじがた」の星の集まりです。「たいようけい」は、「おおきな　ほしの　あつまり（ぎんがけい）」に含まれる星の集まりのことであり、「おおきな　ほしの　あつまり」そのものではないことに注意します。

(3)本文は、地球をはじめとして徐々に規模を広げながら、宇宙の広がりや構造について説明しています。第六段落の「たいようけいの　ほしは……ぎんがけいと　いう　ほしの　あつまりを　つくって　います」や、第八・九段落の「おおきな　ほしの　あつまりの　かずは　とても　たくさんです。……それが　ちらばって　いる、ものすごく、ひろい、とおい、ふかい　はての　ない　せかいが　だいうちゅうです」などの記述から、地球↓太陽系↓銀河系↓大宇宙の順に規模が大きくなっていることを読み取ります。これを規模が小さくなるように並べ替えて答えます。

チェックポイント　集合と要素

「ぎんがけい」は「たいようけい」も含む、より大きな「ほしのあつまり」です。「うずまきがた」は「ぎんがけい」と同じような「おおきなほしのあつまり」ですが、「ぎんがけい」とは異なり、「たいようけい」を含みません。このような集合と要素の関係を正しく読み取っていくことが重要です。

● 24日　48・49ページ

1 (1)ア　(2)ア

(3)(あ)子ぐも　(い)糸

(4)イ

指導の手引き

1 (1)第二段落と第三段落で、子ぐもが糸を出し、風に流される糸につかまって飛んでいくことが書かれています。第二段落に「子ぐもたちは、思い思いに、高い　えだや　はの　先へと　のぼって　いきます」とありますが、これは糸を空中にのばすためであり、**イやウは**答えではありません。

(2)直前では、糸が風に流されること、直後では糸にぶら下がって子ぐもが飛んでいくことが書かれています。順番に起きる出来事をつなぐ「やがて」が入ります。

(3)直前の文に「子ぐもが　糸から　はなれて　しまって、糸だけが、たくさん　風に　とばされて　くる　ことが　あります」という記述があります。この記述を、解答欄に合うように書き換えて、「子ぐもの　いない　糸だけが、たくさん　風に　とばされて　くるもの」とします。

(4)「ちょうど、雪の　ふりはじめる　ころなので」という記述から考えます。

チェックポイント　生物の習性と人間

この文章では、くもの生態を説明するだけではなく、その生態がもたらす現象が、人間の社会で特定の名をつけられ、季節を感じさせるものと扱われていることについても述べられています。ひとつの現象をさまざまな視点から見ていることを読み取ります。

● 25日　50・51ページ

1 (1)ア

(2)水そガス

(3)イ

(4)ウ

(5)ウ

指導の手引き

1 (1)「一おく五千万キロメートルも」から始まる段落に、地球との距離、構成する物質、大きさが書かれています。また、その前の段落に「太陽の　しごと」についても書かれています。しかし、黒点については、最後の段落に、観測すると見えることは書いてありますが、できるわけについては書いてありません。

(2)「太陽は、石炭のような」から始まる段落から、水素ガスが原子力の反応を次々に起こしていることがわかります。またその次の段落から、その反応によって「ねつと　光」が出ていること、その「ねつと　光」が太陽を輝かせていることが読み取れます。

(3)「プレゼントして　くれる」から、太陽から地球に届くものを考えます。「ぎらぎら　か

がやいて　いる」太陽から地球に届くのは、「光と　ねつ」です。

(4)直後に「あと　五十おく年は、かがやきつづける　ことが　できます」とあるので、その理由となるものを選びます。熱と光を生み出すもととなっている水素ガスがたくさんある、という内容のものが正解になります。よってウがもっともふさわしい選択肢になります。

(5)「サングラスを　つけた　ぼうえんきょうで、かんそくします」の理由になるものを選びます。サングラスはまぶしいときにかけるものなので、望遠鏡にサングラスをつけるということは、望遠鏡で見ようとしているものがまぶしい、ということになります。

チェックポイント　説明文を読む

この文章では、第一段落で疑問としてあげられた、太陽が輝いているわけを説明する文章です。この疑問に対する答えはすぐには判明しませんが、しっかりと文章全体を読むことで、その理由を読み取れるようにします。

● 26日 52・53ページ

1 (1)ウ

(2)イ

(3)おとしだま・ぞうに・たこあげ・けんか・かるたとり(順不同)

(4)エ

(5)イ

指導の手引き

1 (1)「おとしだま」「ぞうに」など、正月に関係するものが「走りすぎた」とあることから考えます。

(2)固くなる前のもちの様子を考えます。

(3)主語にあたる部分を、一つずつぬき出します。

(4)もちは詩の中で「石になった」と表現されています。これは固くなって食べられない状態、つまりもち本来の状態ではなくなってしまった様子を表しています。これともっとも近い表現であるエが正解です。

(5)「ごうごう」は、「おとしだま」や「ぞうに」など、お正月の行事が「走りすぎた」ときの擬音語、つまり時間の流れが早いことを示す表現として登場しています。――⑤は、これと同じように、「もちたち」も「ぼくたち」も「ごうごう」と「走りすぎ」ていく、という文脈になるので、イが正解です。

チェックポイント　詩の表現を読み取る

時間が過ぎる早さを独自の表現で表している点を押さえて読むとよいです。

● 27日 54・55ページ

1 (1)イ　(2)ウ

(3)夕日(太陽)

(4)ぼくら

指導の手引き

1 (1)第一連と第二連の「夕日がせなかをおしてくる」から、背中に夕日が当たっていることがわかります。また、第二連の「ぐるりふりむき太陽に」から、「ぼくら」が太陽のほうを向いていないこともわかります。よって、イ「夕日と　はんたいの　方向」が正解になります。

(2)夕日の赤い光が背中に当たっている様子を「まっかなうででおしてくる」と表現しています。アは「赤い　人の　すがたに　なって」があやまりです。「まっかなうで」というのは前述のように、夕日が背中に当たる様子を、腕で押されているようだと比喩的に表現したものであり、実際に夕日が人になって背中を押しているわけではありません。イの「強い風」や、エの「かんばん」は詩の中には登場していないため、不適切です。

(3)直前に「歩くぼくらのうしろから／でっかい声でよびかける」とあるので、五～八行目は、「よびかけ」ている言葉になります。「ぼくら」のうしろにあるのは「夕日」なので、「夕日」が正解です。

(4)直前に「ぐるりふりむき太陽に／ぼくらも負けずどなるんだ」とあることから、どなっているのは「ぼくら」であるとわかります。

チェックポイント　擬人法

この詩では、擬人法（人でないものを人に見立てて表現する技法）が使われています。擬人法は詩などの文学でよく見られる技法で、表現に広がりを与え、読者のイメージを鮮明に呼び起こす効果があります。

● 28日　56・57ページ

1 (1)ウ
(2)ア・イ
(3)ウ
(4)(例)アンケートに　答えて、ふうとうに　入れて　おくりかえす。

指導の手引き

1 (1)「おねがいしたいのは、この　アンケートに　答えて　いただく　ことです」と書いてあることから考えます。
(2)相手にお願いをするときには、相手が応えようという気持ちになるようにする必要があります。たとえば、お願いをする理由を説明したり、相手に負担をできるだけかけないようにしたりします。丁寧な言葉でお願いすることも大切です。
(3)(2)でも述べたように、相手にお願いをするときには、相手が応えようという気持ちになるようにする必要があります。相手に負担をできるだけかけないようにしたり、丁寧な言葉でお願いしたりすることが大切です。ここでは、丁寧な言葉でお願いする一文がもっともふさわしいので、**ウ**が正解です。**ア**は言葉遣いが丁寧ではないので、ここではふさわしくありません。**イ**は返事を催促する言葉なので、お願いをする立場からはあまり使いません。どうしても早く返事がほしい場合は、より丁寧に頼みます。
(4)アンケートに答えるだけでなく、相手に届くように送り返すことも必要です。

チェックポイント　手紙を読む

手紙を読んで返事をするとき、何のための手紙なのかによって、返事のしかたも変わってきます。手紙を読んで、差出人の目的を理解することが重要です。

● 29日　58・59ページ

1 (1)イ
(2)(例)おいしいだけで　なく　楽しい。
(3)(いつ)夏休み
(だれと)妹と
(何を　した)アイスクリームを　作った
(4)ウ・エ

指導の手引き

1 (1)はじめと終わりの段落で、おやつを家で作るとよい、とくり返されています。**ア**と**エ**は文中の内容とまったく一致しないためあやまりです。**ウ**はやや紛らわしいですが、文中ではアイスクリーム以外のおかしは登場していないため、「アイスクリームが　いちばん」というのには違和感があります。よって正解は**イ**です。
(2)「家で　作ると、おいしいだけで　なく、楽しいので、とても　よいと　思います」と書かれていることから考えます。
(3)第二段落で、夏休みに妹とアイスクリームを作ったことが書かれています。
(4)第五段落の第一文で「楽しい　思い出」が二つ挙げられています。ここで挙げられているものを選びます。

チェックポイント　生活文を読む

書き手が強く感じたことや、がんばったこと、おもしろかったことなど、伝えたいことはさまざまです。書き手が何を伝えようとしているのかを読み取ろうとしながら読んでいきます。

● 30日 60・61ページ

❶ (1)ⓐでんわ　ⓘこころ
(2)イ・エ

❷ (1)さま(さん)
(2)イ
(3)(例)はっぴょう会が　あるので　見に　きて　ほしいと　いう　こと。

指導の手引き

❶ (1)詩の中の「あくしゅは／てと　ての　でんわ」という表現から、「あくしゅ」が「でんわ」にたとえられていることがわかります。よって[ⓐ]には「でんわ」が当てはまります。次に、なぜこの詩では「あくしゅ」のことを「てと　ての　でんわ」と表現しているかを考えます。第三・四行目から、「ことば」や「こころ」を、電話と同じように伝わり、つながるから、と読み取ることができるので、[ⓘ]には「こころ」が当てはまります。
(2)「あくしゅ」は手と手を握り合うことですから、「きれたあとまで(手が離れたあとまで)／あたたかい」のは、たがいの手ということになります。また、「こころが　つながる」「でんわ」である「あくしゅ」をしたので、「こころ」もあたたかくなっていると考えられます。

❷ (1)手紙を送る相手である「上田ゆうこ」は、「ぼく」の親戚のおばさんです。目上の人や年上の人に手紙を送るときは、名前の下に「様」をつけるのが一般的なので、答えは「さま」になります。親戚を身内に近いものと考え「さん」でも正解となりますが、「さま」のほうがよりのぞましいという点は押さえておくとよいです。
(2)(1)でも述べたように、目上の相手に手紙を送るときには、丁寧な言葉で書く必要があります。よってアはあやまりです。また、「はっぴょう会に　むけて　毎日　がんばって　れんしゅうを　して　いる」という文脈から、[②]には「発表会を見に来てほしい」ということを伝える文章が当てはまるとわかります。よって、正解はイです。
(3)手紙では伝えたい内容をわかりやすくまとめることも大切です。

チェックポイント　たとえの表現
❶の詩のように、あるものを別のものにたとえることで、そのものの魅力を伝えやすくなることがあります。

● しんきゅうテスト 62～64ページ

❶ (1)ウ
(2)ア
(3)③ア　④エ
(4)(例)ノブくんが　チコの　おもちゃばこに　クレヨンで　めちゃくちゃな　絵を　かいたから。
(5)イ

❷ (1)①ウ　②ア
(2)エ
(3)(例)おさかなが　いちばん　すきな　ねこの　こを　もらったから。

指導の手引き

❶ (1)立ち上がった「チコ」が「ノブくん」の手を引いて自分の部屋につれていき、遊ぼうとしていることから考えます。
(2)「のっそりと」は動きの遅い様子を表します。急いで行動しようとしていないことがわかります。また『はい』と『いや』の　まん中ぐらいの　へんじ」からも、気が進まない様子が読み取れます。
(3)③「あそんで　あげようと　しました」と「ひとりで　あそびはじめました」をつなぐので「でも」が入ります。④「ひとりで　あそびはじめました」と「チコも　本の　つづきを　よむ　ことに　しました」をつなぐので「それで」が入ります。
(4)あとにある「ノブくんは、チコの　だいじな　おもちゃばこに、クレヨンで　めちゃくちゃな　絵を　かいて　いるのです」から理由をまとめます。
(5)「だいじな　おもちゃばこ」にらくがきされ

たときのチコの気持ちなのでイが正解です。

2

(1) ①次の行からの「のどにひっかかって／あたし　ないちゃった」から、魚を食べるときにのどにひっかかるものを選びます。②二行あとの「あたしのこと見たりするんだもん」から、「見る」ことのできるものを選びます。

(2)「ぴょんぴょん」は、はねる様子、「うっかり」は不注意な様子、「ぱったり」は続いていたものが止まったり、倒れたりする様子を表し、いずれも「見る」とは合いません。

(3)「だって　だって……」の次の行以降に書かれている内容をまとめます。

チェックポイント　**思いを読み取る**

物語・説明文・詩を問わず、書き手が伝えたい思いを読み取ることが大切です。

受験研究社

ISBN978-4-424-62831-6
C6381 ¥730E
本体 730円+税10%
(定価 803円)

受験研究社

小学 基本トレーニング 読解力【11級】

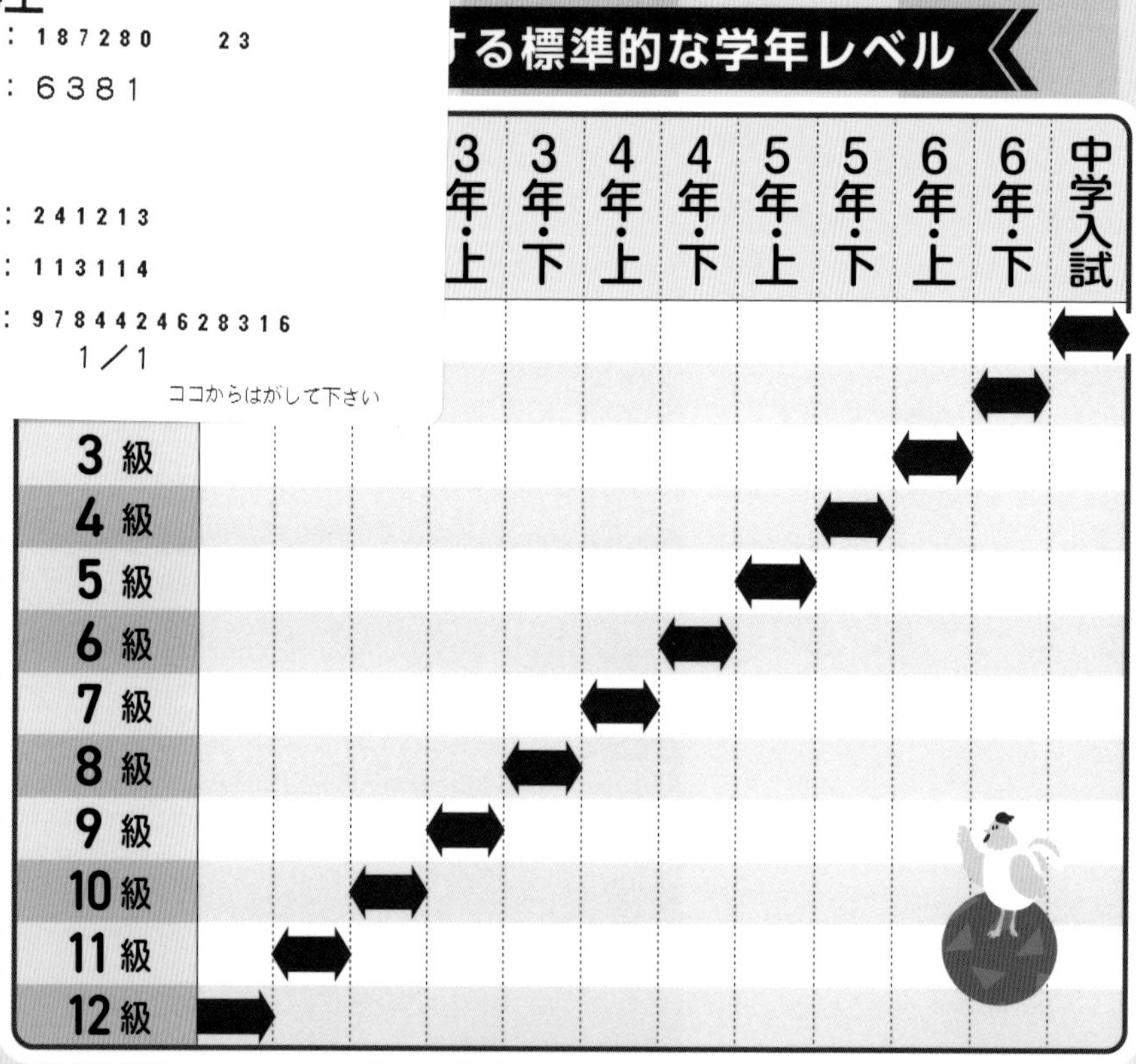

読解力（12級～1級）

★自分に合ったレベルからスタートしよう

小学 基本トレーニング
読解力【11級】

編著者　小学教育研究会
発行者　岡本泰治
発行所　受験研究社

©株式会社増進堂・受験研究社
〒550-0013 大阪市西区新町2丁目19-15
注文・不良品などについて (06)6532-1581(代表)
本の内容について (06)6532-1586(編集)

Printed in Japan　印刷・製本／岩岡印刷・高廣製本